社区书系

社区工作者常用知识
百问百答系列图书

社区邻里关系处理知识百问百答

陈 慧 主编

SHEQU LINLI GUANXI
CHULI ZHISHI
BAIWENBAIDA

华龄出版社
HUALING PRESS

图书在版编目(CIP)数据

社区邻里关系处理知识百问百答 / 陈慧主编. -- 北京 : 华龄出版社, 2021.12
ISBN 978-7-5169-2139-5

Ⅰ. ①社… Ⅱ. ①陈… Ⅲ. ①邻里心理学-中国-问题解答 Ⅳ. ①C912.64-44

中国版本图书馆CIP数据核字(2021)第267404号

策　　划	社区部　善爱社工	责任印制	李未圻
责任编辑	薛 治　彭 博	装帧设计	唐韵设计

书　　名	社区邻里关系处理知识百问百答	作　　者	陈　慧
出　　版 发　　行	华龄出版社 HUALING PRESS		
社　　址	北京市东城区安定门外大街甲57号	邮　　编	100011
发　　行	(010)58122255	传　　真	(010)84049572
承　　印	三河市腾飞印务有限公司		
版　　次	2022年3月第1版	印　　次	2022年3月第1次印刷
规　　格	710mm×1000mm	开　　本	1/16
印　　张	12	字　　数	130千字
书　　号	ISBN 978-7-5169-2139-5		
定　　价	48.00元		

“社区工作者常用知识百问百答系列图书”编委会

为社会基层治理服务，打造社区所需的精品图书
——华龄出版社“社区书系”倾情奉献

“社区书系”是为适应新时代基层社会治理需要，深入贯彻党的十九届四中全会、五中全会关于“构建基层社会治理新格局”“社会治理特别是基层治理水平明显提高”的重要部署，落实习近平总书记关于“建立一支素质优良的专业化社区工作者队伍”的指示要求而策划编写的，旨在为社区工作人员提供系统的社区工作理论和方法指导，提高社区工作者的理论素养和工作能力，推进社区治理体系与治理能力现代化。

“社区书系”是一个融图书、视频、服务为一体的新型复合出版工程，内容体系包括三个方面：

纸质图书　通过纸质图书阅读，为社区工作者提供系统的理论和方法指导。

线上课程　通过视频课程、网络直播课程，深化重点知识，解读难点知识。

专家服务　通过线下培训、现场诊断等，解决社区工作中存在的问题症结。

华龄出版社是中国老龄协会主管主办的中央部委出版社，为出版“社区书系”专门成立了“社区部”，全面统筹谋划出版。“社区书系”计划出版图书200种，覆盖社区工作各个方面，现面向全国诚邀熟悉社区工作的专家、学者加盟“社区书系”出版计划，一起为中国社区的发展繁荣出一份力！

社区视频培训讲座

前言

社区是城市建设的重要组成部分，也是广大居民群众生活的地方。2020年，习近平总书记在吉林考察时强调，推进国家治理体系和治理能力现代化，社区治理只能加强、不能削弱。社区工作人员在社区治理中直面人民群众，需要时刻联系广大社区居民，协助党和政府做好社区的各种管理与服务。可以说，社区工作人员素质的高低，将决定我国未来社会治理水平的高低。

由于社区工作涉及领域十分广泛，工作任务繁杂琐碎，社区工作者需要了解和掌握很多领域的知识，熟悉一系列最新的政策、法规，掌握一系列行之有效的工作流程、方法，才能够胜任新时代的社区工作。当前，相关领域知识的欠缺、工作能力的不足是很多社区工作者存在的主要问题，缺少高素质的社区工作人员队伍是社区治理现代化面临的重要问题。正是基于这样的分析判断，华龄出版社为了助力建设美好社区，解决当前和今后一个时期社区工作者的迫切需求，提高社区工作者的知识素养和工作能力，推进社区治理能力和治理水平现代化，特别成立了“社区部”，推出了“社区书系”中的一个分系：社区工作者常用知识百问百答系列图书。

该系列图书选取了社区工作非常重要的十个领域——平安建设、政策法律宣传、未成年人教育保护、社会救助、突发事件处理、邻里关系处理、社区养老、婚姻家庭、居民防骗、公益慈善，从每个领域中精选出100

多个常见的问题，以问答的形式呈现出来，并进行科学的分类，便于社区工作者学习参考，学有所用，工作起来更加得心应手。

“社区工作者常用知识百问百答系列图书”有以下几个特点：

1. 内容丰富，知识全面

内容涉及平安建设、政策法律宣传、未成年人教育保护、社会救助、突发事件处理等十大社区工作的重要领域，涵盖了这些领域的一般常识和重要知识。这些知识都是社区工作者需要了解和掌握的。

2. 体例新颖，分类科学

将重要的知识点以问答形式呈现出来，并按照细分工作领域和知识类型将这些问题进行了细致的分类，帮助读者梳理和建构知识架构；还设置有“知识链接”环节，进一步拓宽知识面，帮助读者加深了解和掌握。

3. 专家团队，倾力打造

本系列图书由著名社会学家陈慧教授领衔主编，众多社会学专家、学者、资深图书编辑组成了庞大的编写团队，确保图书内容权威、理念先进、思想前卫，切中了当前社区工作中的问题和广大社区工作者的迫切需求。

4. 通俗易懂，实用性强

图书语言通俗易懂，内容深入浅出，学习阅读毫无压力。书中引用了大量最新的政策、法规，不光有知识理论，还有丰富的案例和工作方法指导，具有很强的实用性，对新时代社区工作具有很强的指导作用。

本系列图书融知识性、可读性和实用性于一体，是一套便于社区工作者进行知识查阅、指导社区工作者做好社区工作的必备工具书，有助于提高社区工作者的知识素养和能力水平。由于时间和能力有限，书中难免存在不足之处，敬请广大读者批评指正。

编　者

目录

第一章　邻里关系的基本知识

1. 什么是邻里关系?

邻里关系是人与人之间的社会关系,是一种十分重要的人际关系。当今社会倡导的邻里关系是以遵守法律规范、符合社会公德为行为准则,邻里之间有一定的思想感情交流,能够友好往来、互谅互让的关系。

知识链接

与邻为善、以邻为伴,是邻里之间应有的态度;和谐相处,互帮互助,是邻里之间应有的准则。邻里之间必须多一分理解,多一分宽容,多一分体谅,多一分关心,多一分真诚,这是邻里和谐的重要保障,也是社区和谐、城市和谐、社会和谐的基石,谁都不能小觑。

只有社区工作者和居民都把密切邻里关系作为一项责任和义务,人人讲和谐,处处促和谐,社区才会越来越和谐、越来越美好。

2. 邻里关系有哪些类型?

邻里关系大致可分为五种类型:

(1)整合式邻里

居民之间积极主动,有凝聚力,且在较大范围内与社区保持联系。

(2)教区式邻里

区域内的居民内部互动程度较高,但与外界联系较少。

(3)扩散式邻里

居民之间缺乏非正式的社会互动,但可能存在正式的社区组织(如街道、居委会),居民与外界联系的程度各不相同。

(4)踏脚石邻里

亦称"暂时性邻里",指居民流动率高,随时都有搬家的可能,对居住环境缺乏认同感。

(5)异常邻里

居民间几乎毫无联系,与外界的联系也极少,类似隔绝状态。

知识链接

不同类型的邻里关系使居民产生不同的社区意识。在高凝聚力的邻里关系中,居民常互相提供物质或精神上的支持,安全感也较强;而在居民流动频繁、互动较少的邻里关系中,居民社区意识较弱,邻里满意感较低。

3. 邻里关系有哪些特点?

(1)相距的临近性

顾名思义,邻居就是指生活居住空间接近的人家。比如一墙之隔的人家、一楼之隔的人家等。有的邻居还是同门进出、同厨做饭的人家。

(2)交往的频繁性

这是由空间的临近性决定的,是指邻里之间经常接触,常常见面。

(3)事务的琐碎性

是指邻里间的事务很杂,基本都是生活琐事。比如,倒垃圾、搁杂物、晾衣服等。

(4)情况的差异性

邻里间各个家庭的情况互不相同——有的是三代同堂,有的是三口之家,有的是新婚小两口。他们之间的文化、经济、职业、兴趣爱好、生活习惯也各不相同——有的爱早睡早起,有的要看电视到深夜,有的喜欢静心读书,有的则爱闲聊杂耍,有的白天弹钢琴,有的则是夜里上班白天睡觉……

知识链接

相距近、接触多、事情碎、差异大,这些都难免使邻里间发生矛盾。这就需要用良好的调解方式来解决矛盾,调节关系。

4. 为什么说远亲不如近邻?

邻里关系处得好,就可以互为助手、互为依靠,对各家的生活、学习、工作都有益处;反之,邻里关系处理不当,不仅会影响街坊邻里的安定,而且还会败坏社会风气。邻里出现矛盾,要主动相让,这不等于无能、不等于低人一等,而是体现一种宽容的胸怀、大度的风格、高尚的情操。邻里之争进一步则"狭路相逢",退一步则"海阔天空"。邻里遇到一些矛盾纠纷时,双方都要礼让、谦让,设身处地为对方着想;同时,要严以律己,主动承担责任,多作自我批评,只有这样,邻里方能和睦相处。

知识链接

邻里效应指地方社会环境的特点可以影响人们的思想和行为的方

式。用于解释某些地理类型,例如教育的地理类型和选举的地理类型。产生原因主要有两个方面:

第一,因为人们普遍存在一种建立和谐的人际关系的期望,要努力和邻近者友好相处,所以会尽量避免让近邻感到不愉快;同时,人们看待对方,也倾向于多看积极的方面,忽视消极的方面。这样,各自便为“邻里效应”的产生创造了一个良好的前提。

第二,人们在互动过程中,总是不由自主地力图以最小的代价换取最大的报酬。和邻近者交往,比和距离远的人交往所付出的代价小。这主要是了解对方容易,只花相对小的工夫,就能获得关于对方的某些信息,容易预测对方的行为。能够预测对方的行为,就可以在和他交往时产生一种安全感。人们愿意和使他感到安全的人打交道。此外,和近邻打交道时,往往付出较小的努力就能够达到目的,比如向近邻借东西,最起码可以少走几步路。

5. 为什么说邻里之间忌“各扫门前雪”?

在邻里交往中,最忌讳的就是“各扫门前雪”。有些人以为邻居间避免矛盾的办法就是“少管闲事”,自家管好自家就好。其实,邻里之间自顾自的做法绝不是上策,谁能保证自己在日常生活中不发生需要别人帮助的事情?这就得靠邻里间互相帮忙,因为邻里之间往往朝夕相处,彼此对家庭的人口、性格、经济状况等情况都比较了解。

当家庭发生一些实际困难,出现某些临时的需求或者意外事故时,知情度高且距离最近的邻居便可伸出友爱之手,主动帮忙。生活中有不少这样的邻里街坊,一家有人病了,大家帮忙送医熬药;衣物放在外面忘记收了,有人帮你收好叠好送来;哪家做了好菜,要让邻居们分享;一家有喜事,大家来贺……这种水乳交融的人际关系,使邻里每个家庭成员都受到真、善、美的熏陶和感染。

知识链接

邻居低头不见抬头见,割不断的亲、离不开的邻。相邻而居是缘分,邻居之间要相处得好,就应该做到:不管谁有困难,都要尽心尽力地去帮助,何况邻里无小事。在邻居遇到麻烦或困难时,伸出援手,即把对邻居的尊重、理解和关爱付诸实际行动,何况很多情况下只是举手之劳,与邻为善也是与己为善。也就是说,邻里之间只有齐心协力、互相帮助,才能把生活环境创造得更加美好。

6. 怎样建立既保有隐私又相互关照的邻里关系?

每个家庭都希望有一个独立自由的空间享受生活,因此,邻里之间相处一定要把握分寸,尊重别人的隐私权。邻里间不要互相打听人家的私事,更不能传播这一类的信息,因为邻里关系再亲密也只有分享友情的便利而绝没有干涉别人家务事的权力。

邻里之间要在理解别人的基础上给人尊重,把握相处的度,即尊重别人的隐私权,又能促进彼此之间的友情,还可以达到互相关照的作用。

知识链接

隐私权是指公民享有的私人生活安宁与私人信息依法受到保护,不被他人非法侵扰、知悉、搜集、利用和公开等的一种人格权。隐私权赋予权利人对私人生活的控制权,这种控制权包括防御他人窃取个人隐私与是否向他人公开隐私及公开范围的决定权。

隐私权的常见类型包括个人生活自由权、情报秘密权、个人通讯秘密权、个人隐私利用权。隐私权是公民人格权的重要内容,《中华人民共和国宪法》《中华人民共和国刑法》《中华人民共和国民法典》等法律条文中均有相关规定。

7. 建设和谐的邻里关系有何必要性?

(1)建设和谐的邻里关系是和谐社会的必然要求

合理调节人与人之间的关系是建设和谐社会的重要内容之一。邻里关系是我们每个人日常生活中不可脱离的人际关系,同住一楼层、一单元,甚至同一小区,难免会产生一些矛盾,这些生活中的小矛盾是是非之端,处理不好,也会导致矛盾激化,不仅影响社会安定,也会影响人的生活质量和幸福感。一些深层次社会矛盾的解决要依靠政策和社会经济发展,而邻里之间日常生活中的矛盾则主要依靠公民主体在日常生活中主动修好。追求和睦,良风美俗、邻里团结互助、社区祥和稳定,不仅是和谐社会建设的重要目标之一,也是和谐社会的具体体现之一。

(2)建设和谐的邻里关系是人民群众的内在需要

地缘关系是人们日常生活不可缺少的关系,我们不仅需要"家",而且需要"园"。社会无论如何变化,共同的居住空间总是把人们联系在一个生活空间中,这个空间不仅是一个住房的集合体,还应该是一个充满亲情、仁爱、和谐且具有心理认同感和归属感的文化共同体和人的自由联合体。人们需要住得好吃得好,但更有精神交往的需要。虽然随着社会生活和居住条件的变化,城市邻里关系越来越淡,但这并不代表人民群众没有和邻里进行交流交往的需求。每一个居民都希望有一个好邻居、好对门。

(3)邻里社区文明建设是培养公民责任感的重要途径

公民文明素质的进步，不仅体现为他应该尽到对国家、职业团体的责任，也体现为他对社会和社区的责任，这是一个民族国家公民意识成熟的标志之一。积极参加社区邻里公益活动恰恰是培养公民责任意识的重要途径，也是检验一个公民是否具有公民责任感的试金石。邻里关系的修好、社区公益和文化活动的开展，会带动邻居间的交往，人们的社会责任感只有在和谐的社区邻里关系中才能得到培养和教化，也只有经常开展社区邻里的公益文化活动，才能强化人们的这种社会责任感，形成良性互动。

知识链接

随着城市化进程延伸，人们的居住条件由平房向楼房转化。随之而来的是，亲情环境的缺失，邻里关系的淡漠。加之整个社会公德教育越来越薄弱，楼上楼下相邻多年而互不相识，居住对门而互不往来的例子屡见不鲜。这种现象任其发展下去，势必激化社会矛盾，影响到和谐社会的构建。为此，应当采取有效措施加以干预。例如举办“邻里节”，举办该节为邻居之间从互识、互信到互敬、互助创造条件，对促进邻里和谐、建设有新时代特点的邻里关系起到重要的推动作用；提高人们团结互助的意识，形成和睦相处的社会氛围，从而提高整个社会的道德和文明水平；增加邻里感情，可以有效协调邻里和家庭关系，增强社会关系的内部调节能力，低成本化解社会矛盾，为建设和谐社会创造重要条件。

8. 和谐的邻里关系对家庭教育的作用有哪些?

(1)促进孩子之间的学习与交流

各家的孩子经常走动,可以一起学习、一起做游戏。集体活动能激发起孩子更大的学习兴趣与热情。孩子之间互相学习,还可以获取丰富的知识。

(2)有利于孩子学会与人为善、建立和睦的关系

友好、相互帮助的邻里关系对孩子有潜移默化的影响,孩子会逐渐养成关心他人、帮助他人的好习惯。

(3)共同教育孩子

孩子们常在一起学习玩耍,父母可以有意识地表扬某个孩子的长处,批评某个孩子的缺点,同时教育孩子们学习别人的优点长处,激发他们的上进心和进取精神。

(4)有利于孩子形成乐观、合群的性格

孩子之间的各种互动能促使他们更快地融入群体,学会与他人相处,并在交流中获得快乐与幸福。对他们的身心健康成长颇有益处。

知识链接

和谐的邻里关系对家庭教育有着巨大的影响,反之,良好的家庭教育对建设和谐的邻里关系也有很大的影响。在多元化、充满竞争的市场经济社会里,家庭作为“避风港”“安乐窝”的价值更为突出,人们需要和谐、温馨的家庭以缓解社会压力,疏通压抑的负面情绪,协调人际关系。如果家庭关系紧张,不仅不能化解社会上的人际矛盾和冲突,相反,还可能使家庭矛盾转化成一种社会矛盾,从而增加社区的不和谐因素。

9. 和谐的邻里关系对促进社会治安的作用有哪些?

和谐的邻里关系对促进社会治安的作用,表现在如下三个方面:

(1)和谐的邻里关系有助于邻里之间矛盾的化解

在一个邻里关系良好的环境里,邻里之间往往能够自觉地采取互谅互让的方法,求得他们之间矛盾的化解,和和气气地解决好他们之间的纠纷。相反在一个邻里关系不良的环境里,邻里之间常会为一些丁点小事一触即发产生矛盾,轻者唇枪舌剑互不相让,重者大打出手,酿成流血事件,进而引发治安甚至是刑事案件。在社会发生的治安和刑事案件中,因不良的邻里关系酿成的占有相当的比例。

(2)和谐的邻里关系有助于青少年的健康成长

青少年身心所具有的特征,决定了他们自控能力弱、可塑性强,其在成长的过程中易受到客观环境和风气的影响。“近朱者赤,近墨者黑”就表达了这种影响的作用。在讲法律、守公德,能够友好往来,能以互帮互助、互谅互让的态度处理邻里关系的环境里,青少年从小耳濡目染,受到更多的正面教化,他们就不易实施违法犯罪行为。反之,生活在一个经常打打闹闹,邻里不和睦环境下的青少年,他们在潜移默化中受到更多的负面的影响,就极易走上违法犯罪的道路。

(3)和谐的邻里关系有助于对违法犯罪现象的群防群治

邻里关系处得好,邻里之间必然会相互关心,当发现可能诱发违法犯罪的不安隐患时,往往能够互相提醒,共同设防,从而能够较大程度地防止或者减少违法犯罪的发生。当发现违法犯罪行为时,又往往能够见义勇为、挺身而出,众人一心地同违法犯罪行为做斗争,从而能够有效地制止犯罪、打击犯罪。反之,邻里关系处得不好,邻里之间漠不关心,各人自扫门前雪,不问他家瓦上霜,就难以在预防、打击违法犯罪中形成合力，就极易为违法犯罪分子提供可乘之机。

知识链接

社区居委会应经常开展宣传教育工作，建立和谐的邻里关系，从而促进社会治安，如开展板报宣传，分发和张贴宣传教育材料，张贴有助于建立良好邻里关系的标语，提倡文明用语和习惯。一些小区可举办各种文体活动，加强邻里交往、增进邻里间的了解和认同感。居委会中设置“社会工作人员”，同时成立小区“社会工作委员会”，评选和推选本区一些德高望重、有社会工作能力和经验的居民为委员，共同负责本区的民间大事、要事，开展教育活动。同时领导机关、执法部门、新闻机构等也要重视对居民的教育引导，惩恶扬善，为邻里关系的健康发展提供一个良好的外部环境。

第二章 调解社区邻里纠纷的方法

10. 家族调解的作用有哪些?

家族调解的范围一般都是比较琐碎的民事纠纷,仅仅是发生在家族内或者是家族间的矛盾。家族调解主要是以组为单位,以同姓家族为单元,将家族中德高望重或有一定组织能力和责任感的成员聘为家族调解员,并经过村民代表大会选聘为村级调解员,负责调处家族内部及家族之间的矛盾。

知识链接

家族调解,是我国最传统的一种调解方法。虽然随着市场经济的发展,人与人之间的联系已经没有以前那样紧密,加上多元化纠纷解决体系日臻完善,使得家族调解适用的空间越来越小,但是家族调解并没有消失,在一些偏远山区或者大家族聚居的地方,家族调解仍然比较流行,并且为该地区家族关系的融洽作出了贡献。

11. 亲友调解的作用有哪些?

亲友调解是指亲戚朋友所进行的调解。发生纠纷后,当事人最信任的就是自己的亲戚朋友。如果矛盾当事人自己一人解决不了问题,一般情况下都会向自己的亲戚朋友求救，此时，亲戚朋友的劝导是最有力的。因为他们之间的感情亲近，彼此有一定的信任基础，了解当事人的思想问题的症结所在，可以对症下药，所以参与调解一般能取得良好的效果。如果亲戚朋友建议当事人就矛盾进行调解，那么矛盾便容易解决了。

亲戚朋友出面调解发生在亲戚朋友之间的纠纷，效果更是明显。亲戚朋友之间可能因为一些纠纷而反目成仇，由于本身存在一定的血缘关系、姻亲关系或者收养关系等，亲戚朋友利用存在的这些关系进行开导、劝说，最终完全可以使纠纷当事人冰释前嫌、握手言和。

知识链接

《中华人民共和国人民调解法》第二十条第一款：

人民调解员根据调解纠纷的需要，在征得当事人的同意后，可以邀请当事人的亲属、邻里、同事等参与调解，也可以邀请具有专门知识、特定经验的人员或者有关社会组织的人员参与调解。

12. 邻里调解的作用有哪些？

邻里调解，是指邻居之间相互进行的纠纷调解。邻里调解针对邻里之间发生的纠纷，种类也非常繁多，大部分都是琐碎的小事。

邻里调解，多数时候是请社区邻居中年龄比较大、辈分比较高、德高望重的老先生来进行，比如退休老教师；或者是请自己社区中有一定权威的人士进行，比如居委会干部。当然，这些调解人员在处理人际关系方面总会有自己的特长。年长者经历的事情比较多，遇事不乱，处理各种事情都有丰富的经验。居委会工作人员，由于经常做社区工作，处理社区邻里纠纷自然具有经验。

知识链接

《中华人民共和国人民调解法》第二十条第二款：

人民调解委员会支持当地公道正派、热心调解、群众认可的社会人士参与调解。

13. “民间法官”的作用有哪些？

“民间法官”是指生活于社区当中，熟悉社区日常生活和基本情况，对社区邻里之间的矛盾纠纷、矛盾类型和生活习惯都很熟悉，能够融入社区群众当中，有着丰富的基层调解经验，在社区民众中有很高的个人威望的本土型基层民间调解员，可以形象地称为“民间法官”。

“民间法官”对社区邻里纠纷的调解，除了运用一些必要的政策法规外，更多地将“人情关系”等伦理因素增加进去，在调解过程中，可以将“邻里关系”“亲友关系”和“家族关系”融合进去，加强了调解的可接受性，促进了矛盾的化解。

作为本土型的调解员，“民间法官”对所在社区的民情风俗习惯、社区居民需求都很熟悉，而且本身就是社区群众中的一员，在处理矛盾、调解纠纷的方式时能够做到公正、合理，树立在社区居民心中的威望。社区邻里矛盾少，与这样的人是有直接关系的。

知识链接

与一般人民调解员的不同之处在于，“民间法官”带有本土性和志愿调解的性质。当社区管理或服务机构不能很好地处理与社区居民之间的关系，这时可以直接找“民间法官”进行咨询。这样，无形中就增强了“民间法官”调解纠纷的威望和调解力度。

14. 人民调解的作用有哪些?

人民调解是指在人民调解委员会的主持下,依照法律、政策及社会主义道德规范,对纠纷当事人进行说服规劝,促其彼此互谅互让,在自主自愿情况下,达成协议,消除纷争的活动。其作用主要有以下几个方面:

(1)预防矛盾纠纷的作用

人民调解工作处于矛盾纠纷调解的第一线。人民调解员深入基层,及时捕捉有关信息,能尽快了解事情动态,准确把握民间纠纷的成因和特点,积极有效地预防矛盾纠纷的激化。同时,广大人民群众的积极支持和参与,拓宽了人民调解的信息来源,第一时间获得纠纷信息,从而及时调解。深入排查各类矛盾纠纷,对排查出来的各类纠纷和不稳定因素及时归类汇总,充分发挥群众自治的优势,将出发点和落脚点放在预防矛盾纠纷的发生上,科学地把握民间纠纷产生发展的规律,积极主动探索预防、调解、处理这些矛盾纠纷的新方法,及时发现矛盾纠纷的潜在因素,掌握工作的主动权,做到矛盾纠纷早发现、早调解、早解决,把矛盾纠纷化解在基层,解决在萌芽状态和初始阶段,防止纠纷的激化和转化,有效地预防和减少犯罪,消除当事人之间的矛盾隔阂。

(2)化解矛盾纠纷的作用

矛盾纠纷很多具有社会性、区域性、突发性,纠纷双方并没有什么深仇大恨,往往由一些鸡毛蒜皮的小事引起,只要能够及时调解,矛盾很容易化解,但如果得不到及时有效的调处,就有可能导致矛盾激化、纠纷升级,小纠纷演变成严重的刑事案件,造成意想不到的严重后果,这样的案例并不鲜见。人民调解的力量来自基层,来自群众,对民间纠纷能够第一时间发现,第一时间进行调解,及时达成调解协议,快速有效化解矛盾纠纷。由于调解及时,方法灵活多样,所以调解成功率比较高,具有及时性。而且靠司法调解和行政调解来解决纠纷,需要走诉讼渠道,必须履行法律程序,需要较长时间,还涉及当事人的精力、财力,这是一个不得不考虑的现实问题。同时,也不是所有的矛盾纠纷都适合走诉讼渠道。走诉讼渠道并不是解决纠纷的最佳方式,它往往是当事人在无其他解决方式可寻的情况下的无奈之举。人民调解不仅降低了诉讼成本,还节约了司法资源,具有便捷性。因为基层群众的法律知识、法律水平有限,对法院依法作出的判决并不是都能很好地理解和接受,因此往往会影响判决的执行效果。多数通过司法程序解决的纠纷,当事人并不是心服口服,诉讼反而会使当事人双方隔阂加深,容易引发新的矛盾。人民调解具有疏导化怨作用。因此,人民调解在矛盾纠纷化解上,具有针对性的优势,发挥好人民调解化解矛盾纠纷功能,能有效化解社会矛盾,维护社会稳定。

(3)法制宣传教育的作用

群众的法律素质同当前建设社会主义物质文明、政治文明、精神文明、社会文明的要求相比,还有一定的距离。由于基层群众居住较为分散、生活忙碌,几乎成了普法教育常规方式的盲点,人民调解却能很好地担负起对基层群众的法制宣传重任。人民调解本身就来自基层,和当地的人民群众有着血肉联系,基层人民调解员能够充分发挥这种亲情、友情、乡情的优势,把个案调解与法制宣传紧紧结合起来,运用具体案例在基层群众中开展生动直观的法制宣传,强化人们的法制观念,引导广大群众积极学法、知法、用法、守法,从源头上预防和减少矛盾纠纷的发生。在人民调解工作开展的同时,对基层群众进行普法宣传,就是人民调解法制宣传功能的直接体现。

知识链接

人民调解工作与群众的切身利益息息相关,直接影响社会的安定团结,认真开展人民调解工作,能够缓解社会矛盾,促进社会安定团结;能够促进社会主义精神文明建设；能够预防犯罪，减少犯罪发生；可以积极推动社会生产力的发展；人民群众可以直接参加管理国家和社会公共事务；同时，还能够起到党和政府以及审判机关的助手作用。

15.妇联参与调解的作用有哪些？

妇联是党领导下的各方各界妇女的群众组织，是党和政府联系妇女群众的桥梁和纽带，妇联在维护妇女的权益方面起到了非常重大的作用。

社区邻里纠纷的很多方面都涉及妇女和儿童的权益，在进行人民调解时，由妇联介入从而保护妇女和儿童权益，这不仅仅是妇联的工作职责，也是切实维护妇女和儿童权益的需要。

知识链接

妇联的基本职责是：

（1）团结、动员妇女投身改革，参与经济建设，促进社会发展。

（2）教育、引导广大妇女，增强自尊、自信、自立、自强精神，全面提高素质，促进妇女人才成长。

（3）代表妇女参加社会协商对话，参与民主管理、民主监督，参与有关妇女儿童法律、法规、条例的制订，维护妇女儿童合法权益。

（4）为妇女儿童服务。加强与社会各界的联系，推动社会各界为妇女儿童办实事、办好事。

（5）巩固和扩大各族各界妇女的大团结，促进四个现代化建设和祖国统一大业。积极发展同世界各国妇女的友好交往，增进了解和友谊，维护世界和平。

16.“和事佬”协会调解的作用有哪些?

“和事佬”一般由社区内的离退休干部、教师、医生、政法工作人员和社区楼宇居民自治会会长、单元居民自治小组组长担当。他们在居民中威信较高,也愿意为社区建设出力,其中大多为原先工作单位的骨干,既熟悉小区居民情况,又具有较强的分析能力和民事协调能力,能为调解工作出力。

“和事佬”们常到社区把事领一领,常在小区走一走,常到楼道看一看,常进家庭听一听,看到陋习说一说,碰到纠纷劝一劝,遇到困难帮一帮。他们更贴近群众,“身边人掺和身边事”,叫得应。调解方式方法更灵活有效,在具体实践中,还总结出“缓”“暖”“理”新三字经调解工作法,化解矛盾更方便快捷。能做到抓早、抓小、抓苗头,把问题解决在基层,矛盾化解在内部,隐患消除在萌芽状态。切实做到“小事不出社区(村),大事不出街道(镇),矛盾不上交”,有效防止矛盾纠纷激化。

知识链接

“和事佬”调解机制在三个方面作用最为明显:一是调处家庭纠纷和邻里纠纷;二是参与管理社区公共事务;三是帮助宣传解释政策,促进政府和社区居民的沟通。

17.行政调解的作用有哪些?

行政调解是在国家行政机关的主持下,指以当事人双方自愿为基础,由行政机关主持,以国家法律、法规及政策为依据,以自愿为原则,通过对争议双方的说服与劝导,促使双方当事人互让互谅、平等协商、达成协议,以解决有关争议而达成和解协议的活动。调解的范围包括民事矛盾、经济矛盾和轻微的刑事矛盾。社区中发生的部分矛盾也完全适用行政调解。

行政调解的作用主要有以下方面:

(1)解决冲突

首先,行政调解以其快捷、低廉、尊重当事人意思自治的方式解决当事人之间的冲突。与法院诉讼相比,行政调解不需要烦琐的手续,即时性也很强,无论是达成协议还是达不成协议而转到诉讼程序,效率都非常高。与法院的诉讼程序相比,行政调解作为政府服务职能的一种体现,当事人的总体花费与法院相对较高的诉讼费用、高昂的律师代理费相比要低廉得多,从成本与收益上考虑,当事人自然更愿意选择成本低廉的行政调解方式解决纠纷。行政调解尊重当事人的意思自治,以当事人参与为其必要条件,既有利于当事人了解法律,也有利于减少以后的执法成本。行政调解的内容、方式和调解结果,都要以合法为基础。

其次,行政调解有利于实现行政机关与相对人之间的和谐。行政调解是在民主协商与当事人自愿的基础上产生的,它体现了民主管理与当事人自主行使处分权的自愿原则的有机结合,同时亦能发挥与命令式的行政行为相同的作用。通过做耐心、细致、全面、具体的调解工作,可以培养行政机关工作人员踏实认真尽职尽责的工作作风,树立行政机关良好的工作形象,发扬为人民群众服务的精神,并由此增强人民群众对行政机关的信任,提高行政机关的执法权威,进一步建立人民群众同政府密切、融洽、协调、信赖的关系。行政调解将当事人自主意思表示建立在对行政机关正确执法而树立起的权威的服从与信任感的基础上,使当事人自愿听从行政机关正确有益的劝导说服,化解纠纷,解决矛盾。这样,它便不同于单纯按法律规定被动维持秩序的行政行为,因为它不仅在最低要求上完成了对纠纷的解决,又进一步使政府工作在更高层次上采用积极主动的方式,创立一种既为法律所允许、又为当事人和政府所共同认可和赞同的更合理、更完善的社会关系,促使行政机关在更加全面彻底的意义上履行自己的职责。同时,行政调解的过程也是行政机关与相对人之间针对是否依法自愿和是否依法调解的相互监督过程。

(2)保证体系和谐

行政调解制度的存在保证社会冲突解决机制体系的和谐。社会冲突的不同激烈程度决定了其解决机制必然分为层级不同的体系。《治安管理处罚法》第九条规定:对于民间纠纷引起的打架斗殴或者损毁他人财物等违反治安管理行为,情节较轻的,公安机关可以调解处理。因此,将激烈程度相当轻微的社会冲突纳入行政调解范围之内,而将其他激烈的社会冲突纳入行政扣留乃至刑事制裁范畴之列,在实现节省公安机关的行政执法资源目的的同时,既保障了社会冲突的解决,也实现了社会冲突解决机制内在的协调。

知识链接

行政调解应当在查明事实、分清是非、明确责任的基础上,说服当事人依照法律、法规及有关政策的规定,互谅互让,自愿达成协议以平息和解决争端。因此行政调解应遵循如下原则:

(1)合法原则

行政调解合法原则要求行政机关进行行政调解时,必须有法律、法规作为依据,而且必须依据法律、法规调解。在调解过程中,行政机关不能对当事人施加行政压力，进行行政强制，更不允许为了达成调解的目的，而对行政当事人采取违法的手段和方式进行调解。如果行政机关违反了法律规定进行调解，即使达成了调解的协议，那么该调解协议也是无效的、可撤销的。这不仅不利于矛盾的解决，而且有可能引起更进一步的矛盾，因此，调解合法原则必须遵守，而且应贯穿于行政调解的全过程。

(2)矛盾当事人自愿原则

行政调解以矛盾当事人自愿为基础。首先，是否要求行政调解由矛盾双方当事人自主决定，任何一方都不得利用自己的强势地位强迫另一方进行调解，特别是行政机关不得利用自己的行政职权强制当事人调解。其次，由谁进行调解也由当事人自主决定，行政机关不得强行调解，并且双方当事人对于行政调解机关的选择必须一致，否则调解不得进行。最后，行政调解协议必须由双方当事人平等协商、自愿达成，任何一方当事人不得强迫另一方当事人达成调解协议，采用欺诈、乘人之危等手段签订的行政调解协议无效。行政机关应当站在中立的位置上，对双方当事人进行说服教育，促使他们互谅互让，自愿达成协议解决矛盾，不得帮助一方当事人对另一方进行压迫、欺骗等。

(3)调解及时原则

行政机关进行调解时，必须要有一定的时间限制，即行政机关必须在规定的时间内完成行政调解。如果在期限内行政机关的调解并没有作用或者没有完成，行政机关必须放弃调解，由矛盾当事人再选择其他解决方式，不得过分拖延当事人的时间。

(4)不影响当事人诉权原则

行政调解的建立，主要是为了解决当事人之间的矛盾，最大限度地在社会制度内化解矛盾。但是，并不是所有的矛盾通过行政调解都能解决，因此，在行政调解不能解决矛盾时，行政机关不得妨碍矛盾当事人行使向法院提起诉讼以解决矛盾的权利。法治社会中矛盾解决的最终途径是依靠法院，通过审判将当事人之间的利益进行重新分配，因此，行政调解不是最终的结果。

18. 法院调解的作用有哪些？

法院调解，主要指在人民法院审判人员的主持下，双方当事人就民事争议的实体权利义务，在查清事实、分清是非的基础上，平等自愿地进行协商，达成协议，最终解决矛盾的一种司法活动。

多年的司法实践证明，法院调解具有重要作用。

（1）法院调解是我国诉讼纠纷解决的重要方式之一，在我国的民（商）事审判中占有主导性地位。根据最高人民法院近年来的司法统计数字，我国民（商）事一审案件中调解结案的比例始终保持在60%左右，从以上数字比例可以看出，法院调解结案率占据主导性地位。

（2）法院调解有利于妥善的解决纠纷。法院调解是在当事人自愿协商、互相谅解、自觉让步、自愿达成协议的基础上，解决他们之间的纠纷。因而，调解结案的纠纷，不仅不发生上诉问题，而且，一般也能由当事人自动履行，这样，就能迅速而彻底地解决当事人之间的纠纷，做到“案结事了”，节约了诉讼资源。而判决结案的纠纷，当事人往往上诉、申诉、上访不断，判决生效后，当事人如果不自动义务，还需要予以强制执行。既增加当事人的诉累和诉讼成本，也浪费审判资源。

（3）法院调解有利于促进社会稳定和经济发展。民（商）事纠纷影响当事人之间的团结、社会稳定，以及企业的正常生产经营。特别是自然人之间的民事纠纷，如果处理不及时或不恰当，还容易使矛盾激化，甚至酿成刑事案件，成为不稳定因素。人民法院通过调解做双方当事人的思想工作，提高当事人的法制观念，促进他们自愿协商、心平气和地达成协议，解决纠纷，消除隔阂，摒弃前嫌，弥补、恢复关系，从而有利于社会稳定，促进经济发展和社会主义精神文明建设。

(4)法院调解有利于对当事人加强法制宣传和法制教育，预防纠纷，减少诉讼。调解的过程是人民法院对当事人进行法制宣传、法制教育和思想工作的过程，通过对双方当事人详细讲解有关法律和政策，能够使诉讼当事人、旁听群众以及了解、关注这一案件的其他群众，受到很好的法制教育，从而达到“调解一案，教育一片”，预防纠纷、减少诉讼的目的。

知识链接

法院调解的意义有以下方面：

(1)法院调解既可以进行柔性调解，能够以一种缓和的形式避免双方当事人之间关系的绝对破裂，又可以给双方当事人以自由调解的空间，赋予当事人在实体利益、程序利益上进行权衡和选择的自由，使当事人权衡利弊，寻求合乎情理的解决方法。

(2)在复杂多样的社区邻里矛盾中，当事人大多数生活在同一个社区中。法院调解不仅考虑社区邻里矛盾当事人双方的争议焦点，而且常常将他们之间的整体利益纳入关注视野。法院通过调解工作，提高当事人的法制观念，促使他们自愿协商、心平气和地就各自的矛盾纠纷达成协议，消除隔阂，解决纠纷，恢复以往的友好关系，促进社区团结和谐。

19. 仲裁机构参与调解的作用有哪些？

仲裁调解是仲裁机关受理案件后，在查清事实分清是非的基础上，在双方当事人自愿的前提下对双方当事人进行说服教育，促使双方解除分歧，达成协议、解决争议的活动。调解不是所有案件都必须经过的程序，是否采用调解方式解决，取决于案件的具体情况和双方当事人的态度。根据相关法律规定，对于经调解达成和解协议的案件，仲裁庭应根据双方当事人和解协议的内容，作出裁决书，从而终结案件。如果双方当事人达不成和解协议，或一方或双方当事人不愿继续调解，应及时终止调解，由仲裁庭对案件进行审理并作出裁决。

根据《中华人民共和国经济合同仲裁条例》及《中华人民共和国经济合同法》规定，仲裁机关处理经济合同纠纷案件，实行先行调解。调解可以由仲裁员一人主持，也可以由仲裁庭主持，但必须在查清事实、分清责任的基础上进行调解，促使当事人互相谅解，达成协议。调解达成的协议，必须双方自愿，不得强迫。协议的内容不得违背法律、行政法规、规章和政策，不得损害公共利益和他人利益。调解达成协议的，应当制作仲裁调解书。调解书送达双方当事人即发生法律效力，双方当事人必须自动履行，一方不履行的，另一方可以向有管辖权的人民法院申请强制执行。调解未达成协议或者调解书送达前或送达时，一方或者双方翻悔的，独任仲裁员或者合议仲裁庭应进行仲裁。

知识链接

中国国内仲裁机构解决经济合同纠纷，涉外仲裁机构解决涉外经济、贸易、运输、海事纠纷，这是中国仲裁程序的一个突出特点。仲裁机构受理案件后，不论是仲裁庭开庭之前，还是开庭审理过程中，仲裁员都要多做调解工作，尽量促使双方当事人通过协商解决争议。根据仲裁实践，仲裁调解必须遵守双方当事人自愿、查明事实、分清是非、调解协议合法三项原则；在涉外仲裁调解中还应当遵循独立自主、平等互利、参照国际习惯三项特殊原则。经过调解，如当事人之间能够达成协议，并经仲裁机构审查批准后，应当制作仲裁调解书。

20. 律师参与调解的作用有哪些?

律师作为法律专业人员,参与人民调解具有一定的优势,因为其不仅具有处理各种社区邻里矛盾的丰富经验,而且具有深厚的法律知识,由律师参与调解能够防止调解过程中的违法现象,从而保证调解的合法性。

律师参与调解时,不但可以向人民调解员讲解业务知识,还可以通过现场说法、解答群众咨询,发放宣传资料等形式开展调解工作。另外,律师利用自己的专业知识进行专业性调解,利用灵活的调解方式,能够提高调解成功率,并能很好地维护各方利益。

另外,人民调解委员会可以与律师队伍结合,多组织一些活动,比如"法律进村活动""送法下乡"等,有利于维护基层的社会稳定。

知识链接

律师参与调解,是指律师接受争议双方当事人的委托授权,以中间调停人的身份,主持调解。前提是双方当事人的一致同意、共同委托授权。律师主持调解纠纷的范围比较广泛。从调解的地区来说,律师既可以调解本事务所辖区内的纠纷,也可以调解跨区、跨市县、跨省以至涉外的民事、经济纠纷;从调解纠纷的主体来说,既可以调解公民之间的纠纷,也可以调解法人之间的以及公民与法人、非法人单位之间的纠纷;从调解纠纷的性质来说,既可以调解一般的民事、经济纠纷,也可以调解海事、海商纠纷。

律师参与调解,从法律性质上说,属于民间调解范畴。调解达成的协议,属于民间契约文书,不具有强制性的法律效力,主要靠当事人之间的相互承诺及律师的督促履行。事后,一方或者双方当事人翻悔,仍有权向人民法院起诉。律师参与调解，要坚持以事实为根据，以法律为准绳，双方自愿、平等协商，兼顾各方当事人合法权益的原则。

21.如何发挥警民联调的作用？

警民联调是以社区民警为核心，带动综合治理资源，为社区警务工作服务，预防协调社区突发事件、矛盾纠纷的一种调解模式。警民联调以“警民联调工作室”为主要工作平台，通过街道办事处人民调解委员会在派出所设立驻所调解室，专职调解可能引发治安案件的民间纠纷。

其工作流程主要包括受案取证、甄别分流、受理登记、部门联动、限时调解、反馈回访、结案归档七项。为保证“警民联调”工作顺利进行，建立三项工作制度：

(1)信息互通制度。公安派出所与人民调解组织互通矛盾纠纷和社会不安定因素排查情况。

(2)定期会商制度。定期召开推行警民联调工作机制联席会议，通报警民联调工作推进情况，研究解决工作中存在的问题，保证警民联调工作的有效实施。

(3)考核奖励制度。统一制定工作室工作标准，加强日常考核，根据纠纷受理率和调解成功率给予表彰奖励。

警民联调工作紧贴群众，运作快捷方便，既可满足群众低成本、高效率解决问题的需求。同时，也可解放警力，实现了人民调解工作和公安接处警工作有机结合，有效处理治安案件和轻伤害案件中的民事争议，最大限度地增加社会和谐因素，实现“为公安减压、为群众解难、为政府分忧”的共赢。

知识链接

警民联调工作室组织由基层派出所和街道司法所联合成立，成员由民警和警民联调员组成。民警的职责主要是指导、协助、检查、监督警民联调员，依法开展人民调解工作，对当事人不同意人民调解的民间纠纷，依法做出其他处理，并负责管理“警民联调工作室”的日常工作，协助司法部门做好警民联调工作的检查、指导、培训、考核。警民联调员的职责主要是为街道、居民委员会及其他集体经济组织提供法律服务，开展人民调解工作，调处民间纠纷；依法协助民警调解因民间纠纷引起的治安案件，依法协助民警管理暂住人口等，参与社区矫正，开展法制宣传教育。

第三章 邻里纠纷与人民调解

22. 什么是人民调解委员会?

人民调解委员会是指村民委员会和居民委员会下设的调解民间纠纷的群众组织,在基层人民政府和人民法院指导下进行工作。人民调解委员会根据当事人的申请及时调解矛盾。当事人没有申请的,也可以主动调解。人民调解委员会调解矛盾可以由委员一人或数人进行,应当在查明事实,分清是非的基础上,充分说理,耐心疏导,消除隔阂,帮助当事人达成协议。调解矛盾应当进行登记,做好笔录,根据需要或者当事人的请求,可以制作调解协议书。调解协议书应当有双方当事人和调解人员的签名,并加盖人民调解委员会的印章。

知识链接

《人民调解工作若干规定》第二十一条:

民间纠纷,由纠纷当事人所在地(所在单位)或者纠纷发生地的人民调解委员会受理调解。

村民委员会、居民委员会或者企业事业单位的人民调解委员会调解不了的疑难、复杂民间纠纷和跨地区、跨单位的民间纠纷,由乡镇、街道人民调解委员会受理调解,或者由相关的人民调解委员会共同调解。

23. 人民调解委员会可以采用哪些设立形式?

人民调解委员会的设立形式有以下几种:

(1)农村村民委员会、城市(社区)居民委员会设立的人民调解委员会。我国大量的人民调解委员会都是在村、居(社区)设立的。这些调委会贴近群众,方便群众,更加有利于人民调解工作的普及与深入,是开展人民调解工作的基础,在调解工作中一直发挥着重要的作用。

(2)乡镇、街道根据需要设立的人民调解委员会。它担负着化解村、居(社区)人民调解委员会和企事业单位人民调解委员会调解不了的疑难、复杂的民间纠纷以及跨地区、跨单位的民间纠纷,制止群众性械斗和群体性上访,防止矛盾纠纷激化的任务。

(3)企事业单位根据需要设立的人民调解委员会。近年来,随着我国企事业单位制度改革的深化以及一些地区企事业规模的不断壮大,企事业内部不稳定的因素也日趋增多。这就需要在企事业单位内部设立人民调解委员会,及时化解职工在生产、生活中的各种矛盾纠纷,维护职工的合法权益;及时解决企业与周边。

(4)根据化解民间纠纷的需要,人民调解委员会还表现为在城乡结合部,毗邻的县、乡、街、厂等地设立的由不同部门组成的联合调解委员会或由两个以上的人民调解委员会组成的联合调解委员会。

知识链接

《中华人民共和国人民调解法》第八条:

村民委员会、居民委员会设立人民调解委员会。企业事业单位根据需要设立人民调解委员会。

人民调解委员会由委员三至九人组成,设主任一人,必要时,可以设副主任若干人。

人民调解委员会应当有妇女成员，多民族居住的地区应当有人数较少民族的成员。

24. 人民调解员的工作职责有哪些？

人民调解员由人民调解委员会委员和人民调解委员会聘任的人员担任。人民调解员通过说服、疏导等方法，促使当事人在平等协商基础上自愿达成调解协议，解决民间纠纷。

人民调解员的工作职责有：

（1）人民调解员的调解工作严格按照《中华人民共和国人民调解法》的要求，在依法、自愿、平等、尊重当事人诉讼权利的原则下开展调解工作。

（2）认真贯彻人民调解“调防结合、以防为主”的工作方针，及时调解各类民间纠纷，增进人民团结，维护社会安定。

（3）以事实为依据，以法律为准绳，恪守职责，积极开展人民调解工作。

（4）联系群众，办事公道，遵守社会公德，任劳任怨，热心人民调解工作，对出现的纠纷应主动调解并与调解信息员密切联系，将纠纷消灭在萌芽之中。

（5）坚持调解回访制度，对已达成的调解协议的要督促履行，调解和解的要定期回访，预防纠纷再次发生。

（6）热情接待当事人，对已发生的纠纷要及时受理、调解、处理，预防纠纷激化，民转刑案件引起非正常死亡、当事人情绪异常等状况应及时汇报，采取必要措施加以防范，疑难纠纷要及时反映，并依靠集体力量予以调处。

(7)负责调委会报表的上报和有关人民调解文书的档案管理等工作。

(8)负责向广大人民群众开展法治宣传教育。

知识链接

《中华人民共和国人民调解法》第十五条：

人民调解员在调解工作中有下列行为之一的，由其所在的人民调解委员会给予批评教育、责令改正，情节严重的，由推选或者聘任单位予以罢免或者解聘：

(一)偏袒一方当事人的；

(二)侮辱当事人的；

(三)索取、收受财物或者牟取其他不正当利益的；

(四)泄露当事人的个人隐私、商业秘密的。

25. 人民调解工作的主要任务有哪些？

(1)调解民间纠纷，防止民间纠纷激化

预防和调解民间纠纷是人民调解工作的首要任务。民间纠纷是指发生在公民之间、公民与法人和其他社会组织之间涉及民事权利义务争议的各种纠纷。在新形势下，民间纠纷在数量、内容以及表现形式上都发生了很大变化。人民调解委员会要适应这一发展变化，加大对民间纠纷的调解力度，在查明事实、分清责任的基础上，根据当事人的特点和纠纷的性质、难易程度、发展变化的情况，采取灵活多样的方式方法，开展耐心、细致的说服疏导工作，调解好常见性、多发性纠纷。同时，人民调解委员会要结合本地经济社会发展的特点，针对突出的热点、难点纠纷及时开展调解工作，最大限度地化解矛盾纠纷，从而有效控制矛盾纠纷总量，稳定社会关系。

人民调解委员会在做好纠纷调解时，更要防止民间纠纷的激化，即防止因民间纠纷激化而导致自杀、群体性事件和刑事案件。要防止民间纠纷的激化，人民调解组织必须及时受理，以最快的时间介入纠纷的调解，抓小、抓苗头，努力把可能激化的纠纷降到最低限度，化解在萌芽状态，使纠纷在激化之前得到有效的控制。同时，要认真分析当前民间纠纷发生的特点、规律和发展趋势，不断总结完善预防激化的有效方法和经验，建立因人预防、因地预防、因事预防、因时预防等预防机制，广泛开展矛盾纠纷大排查、专项治理、联防联调等各种形式的防激化活动，加大预防工作的力度，增强工作效果。因此，赋予人民调解委员会调解民间纠纷、防止民间纠纷激化这一任务，不但是设立人民调解委员会的直接依据，更是平息纠纷、减少纠纷、维护社会和谐稳定的需要。

(2)进行社会主义法制宣传、法制教育以及社会主义道德教育

人民群众法制观念的强弱、道德水平的高低，直接关系着社会风气与治安状况的好坏。而法制宣传和道德教育是治本的工作，是预防民间纠纷发生和激化的根本对策。因此，宣传法律、法规、规章和政策，教育公民遵纪守法，尊重社会公德，是人民调解委员会的又一项重要任务。人民调解组织要充分利用其分布广、贴近群众的优势，大力开展法制宣传和公德教育。

实践中，人民调解委员会开展法制宣传和公德教育的方式主要有以下三种：

第一，在调解过程中进行宣传教育。人民调解委员会应当充分利用调解具体纠纷的机会，结合人民群众所关心的实际问题，按照纠纷的种类，有针对性地向当事人及周围群众宣传这方面的法律、法规和政策及有关的道德规范，进行释疑解惑。从而使广大群众懂得如何判断正确与

错误,知道哪些是违背法律或违背公共道德的行为,哪些是法律或公共道德所允许或提倡的行为。

第二,根据纠纷发生的规律,进行预防性宣传教育。不管是农村还是城市,民间纠纷的发生是有规律的。如:在农村,年终结算时,容易发生赡养纠纷和债务纠纷;农忙季节生产任务多,容易发生生产经营性纠纷;农闲季节建房多,容易发生房屋宅基地纠纷;等等。在城市,工程建设多,容易发生拆迁、安置、噪音扰民纠纷;在社区,居民搬迁入住容易与物业管理部门发生纠纷;等等。人民调解委员会应当掌握这些规律,与当地的实际情况结合起来,有针对性地组织开展法律和道德的宣传教育工作,起到防患于未然的作用。

第三,配合普法进行宣传教育。普法教育是全民性的法制宣传教育。人民调解组织要根据当前形势和一定时期的中心工作,结合出台的法律、法规和政策,联系群众关心的实际问题进行专门性的法制宣传,起到解惑答疑的作用。实践证明,通过开展法制宣传和社会主义道德教育,可以提高人民群众的道德素养,增强守法观念,促使人们严格依法办事,避免某些纠纷的产生。

(3)在基层组织与群众之间起到桥梁作用

人民调解委员会是基层群众自治组织,他们了解群众,与群众朝夕相处,是党和政府倾听群众意见和要求,联系人民群众的桥梁和纽带。因此,人民调解委员会应当及时向村民委员会、居民委员会、所在单位、基层人民政府反映本辖区内民间纠纷与调解工作的情况和问题;反映群众对现行国家法律和党的各项方针政策的意见和看法。这既可以使党和政府及时了解社会矛盾和纠纷的现状,加强对人民调解工作的指导管理,又能集中群众意见,促进各种规章制度的不断完善,加强社会主义民主与法制建设。同时,人民调解委员会通过调解与宣传教育活动,能及时、准确地向人民群众传递基层组织依法作出的决策及施政方针,引导群众正确理解,积极作为。

知识链接

人民调解委员会在基层人民政府和基层人民法院的指导下开展工作,用调解的方法解决一般的民事纠纷和轻微的刑事案件。经调解自愿达成的协议,当事人应自觉履行,不愿调解、调解不成或调解后翻悔的,一方或双方当事人可以向人民法院起诉。人民调解委员会不是国家司法机关的组成部分,也不是一级行政组织,它的活动及结果不具有法律和行政的强制性。

26. 当事人在调解中的权利和义务有哪些?

(1)当事人在调解中的权利

当事人在参与调解活动的过程中享有广泛的民事权利,具体包括四个方面:

一是选择或者接受人民调解员。当事人既可以接受人民调解委员指定的调解员,也可以选择自己喜欢和信任的调解员。

二是接受调解、拒绝调解或者要求终止调解。当事人可以接受人民调解委员会的调解,也可以拒绝调解,在调解活动进行过程中,还可以随时要求终止调解,充分尊重当事人的意愿。

三是要求调解公开进行或者不公开进行。当事人可以自主选择调解的方式是否公开。这主要考虑到民事纠纷和矛盾的复杂性,对于一些涉及个人隐私或当事人不愿意公开调解的案件,本着充分尊重当事人的原则,运用不公开的方式调解往往能够消除因为调解所带来的不利社会效果。

四是自主表达意愿、自愿达成调解协议。在调解活动中,当事人是主角，可以自主表达意愿，这与人民法院审理案件必须遵循法定的程序相比，更具灵活性；调解也不要求必须达成协议，双方自愿。

(2)当事人在调解中的权利和义务

权利和义务总是统一的，人民调解法在规定了调解活动中当事人享有的广泛权利外，还同时规定了当事人的义务，主要包括三个方面的内容：

一是如实陈述纠纷事实。当事人应当如实陈述纠纷事实。只有如实表达案件的事实情况，才能方便人民调解员查明事实，明辨是非，使调解工作有效地开展。

二是遵守调解现场秩序，尊重人民调解员。当事人应当尊重人民调解员，遵守调解现场秩序。实践中，有些矛盾纠纷双方当事人冲突激烈，而人民调解员又不同于法官的身份，现场更没有法警来维持秩序，双方一旦言语失和，很可能拳脚相加，甚至出现辱骂、攻击人民调解员的现象，这将导致调解工作无法进行下去，双方的矛盾也可能进一步升级。因此要求双方当事人能够自觉遵守现场的秩序，对调解纠纷的人民调解员予以尊重。

三是尊重对方当事人行使权利。人民调解活动离开当事人任何一方的参与，都无法继续下去，一方当事人在参与调解行使权利的过程中，也应当尊重另一方的权利，不能颐指气使，不让对方说话或气势汹汹，一副得理不让人的样子。当事人只有彼此尊重对方的权利，平心静气，才可能使民事纠纷得到圆满解决。

知识链接

《人民调解工作若干规定》第五条：

根据《最高人民法院关于审理涉及人民调解协议的民事案件的若干规定》，经人民调解委员会调解达成的、有民事权利义务内容，并由双方当事人签字或者盖章的调解协议，具有民事合同性质。当事人应当按照约定履行自己的义务，不得擅自变更或者解除调解协议。

27. 人民调解委员会可以调解哪些纠纷?

人民调解委员会调解的民间纠纷,包括发生在公民与公民之间、公民与法人和其他社会组织之间涉及民事权利义务的各种纠纷,具体有:

(1)人身权利纠纷

主要包括因人身自由、人格尊严以及名誉、荣誉等一般轻微侵权行为引起的纠纷。

(2)婚姻纠纷与家庭纠纷

婚姻纠纷主要包括因婚约同居、结婚、离婚、离婚后财产析分等引起的财产纠纷以及由此带来的矛盾激化。家庭纠纷主要包括婆媳、妯娌、兄弟姐妹、夫妻之间因分家析产、日常琐事、赡养、抚养、抚育及家务引起的纠纷。

(3)财产权益纠纷

主要包括债务、房屋、宅基地、继承、租赁等方面的纠纷。

(4)生产经营性纠纷

主要包括因种植、养殖、种子租借等生产经营方面引起的纠纷。此外,还包括因地界、渔场、水井、水电、山林、树木、农机具使用和牲畜使用等生产资料方面引起的纠纷。

(5)损害赔偿纠纷

主要指一般打架斗殴和过失等引起的民事赔偿纠纷。

知识链接

《人民调解工作若干规定》第二十二条:

人民调解委员会不得受理调解下列纠纷:

(一)法律、法规规定只能由专门机关管辖处理的,或者法律、法规禁止采用民间调解方式解决的；

（二）人民法院、公安机关或者其他行政机关已经受理或者解决的。

28. 人民调解委员会调解纠纷应遵循哪些原则？

（1）自愿平等原则

人民调解应当在当事人自愿、平等的基础上进行，当事人享有充分的意思自治，不受任何强迫、歧视。这一原则体现在调解活动的始终。当民间纠纷发生后，当事人可以申请调解或接受调解作为解决纠纷的途径，也可以拒绝调解；即使在调解进行的过程中，当事人也可以拒绝继续调解而另寻其他救济方式；当事人可以接受人民调解委员会安排的调解员，也可以自主选择调解员；当事人可以接受调解员提出的调解方案，也可以自行提出调解方案；当事人可以自主选择达成书面协议还是口头协议；等等。调解平等原则源于民间法律关系中的平等原则。当事人在调解的过程中享有平等的地位，权利行使平等，义务履行平等，任何人均不享有特权。人民调解组织和人民调解员有义务在调解活动中尊重和保障当事人的自愿平等权利。

（2）不违背法律法规政策原则

人民调解是中国特色社会主义法律制度的组成部分，国家的法律、法规和政策是人民调解组织调解民间纠纷的主要依据。民间纠纷的内容主要涉及当事人有权自行处分的人身、财产权益。因此，在不违背法律、法规和国家政策的前提下，可以依照社会公德、村规民约、公序良俗、行业管理进行调解。通过调解矛盾纠纷，使当事人更加清楚地理解什么是合法、什么是违法，自己享有哪些权利、应该履行哪些义务，哪些行为应当提倡、哪些行为应予以谴责，从而增强公民自觉通过合理合法的途径解决矛盾纠纷的法律意识和道德观念。《人民调解法》关于这一原则的规定更加符合人民调解工作的实际。

(3)尊重当事人权利原则

这里的权利,既包括当事人的事体权利,也包括当事人通过仲裁、行政、司法等途径解决纠纷、要求救济的程序权利。人民调解是化解矛盾纠纷的有效机制,但并不是唯一机制。人民调解不能代替仲裁、行政和司法等解决纠纷的机制,也不是这些机制的前置程序或必经程序。调解的进行以纠纷当事人的自愿为前提,调解的启动、实施以及协议的达成都取决于当事人的自愿。人民调解员在调解过程中可以采取多种方式进行说服劝解,可以提出解决问题的方案,但接受与否仍取决于当事人。当事人不接受调解、对调解协议反悔或不履行调解协议的,还可以向人民法院提起诉讼或者采用其他方式维护其合法权益,不得因未经调解或调解不成而加以阻止、妨碍。

知识链接

与人民调解三项原则一样,人民调解不收费制度也是人民调解工作必须遵循的一项基本制度。人民调解不收费是由人民调解的性质所决定的,是人民调解制度的显著特质,是人民调解工作的优良传统,是人民调解有着广泛而深厚群众基础的重要原因之一。人民调解不收费,能够使人民调解工作更加贴近群众、服务群众,使矛盾纠纷当事人愿意主动选择调解来化解矛盾纠纷,有利于矛盾纠纷早发现、早化解,避免矛盾激化。同时,可以避免因收费导致大量民间纠纷转入行政或司法程序,给行政、司法工作增添不必要的负担。

29. 人民调解在解决邻里纠纷中具有哪些优势？

人民调解在解决邻里纠纷中具有的优势包括以下几个方面：

（1）具有主动性，有利于矛盾纠纷及时解决，防止矛盾纠纷的激化和升级。

（2）具有简捷、及时和经济的特点，它着重在调解委员会的主持下，就近、及时地化解民间纠纷，以最短的时间完成对矛盾纠纷的处理，能降低纠纷解决的成本，减轻人民群众和国家财政的负担。

（3）具有广泛性，有利于方便广大人民群众。就我国人民调解组织的设置情况来看，调解机构星罗棋布，只要是有社区（村）的地方就有调解组织。

（4）实现情与法的融合。合法不合情，合情不合法，是行政和司法中经常遇到的情况，也给行政官员和司法人员工作带来很大的困惑。人民调解的性质可以使调解避免这方面的困惑，可以将法与情融合在调解过程中，实现法与情的统一，使法的实施更易于被广大人民群众所接受。

知识链接

根据我国《中华人民共和国村民委员会组织法》和《中华人民共和国城市居民委员会组织法》的规定，村（居）民委员会的任务之一，就是向人民政府反映村（居）民的意见、要求并提出建议。而人民调解委员会作为村（居）民委员会的一个组成部分，凭借其广泛的人民调解组织网络，以其独特的工作方式，通过日常的人民调解工作，及时向基层人民政府反映调解工作中发现的问题，从而成为联系人民群众和人民政府的重要渠道。同时，这些来自基层群众生活的各种信息反馈，既是人民群众生活状态的真实反映，又为党论和政府及时制定和修改法律、法规、政策等各种决策行为提供了宝贵的第一手资料。

30. 人民调解的调解形式有哪些?

调解形式是指调解人员在调解纠纷的过程中所采用的具体方式。人民调解常用的调解方式有以下几种:

(1)单独调解

单独调解是指由纠纷当事人所在地或纠纷发生地的调委会单独进行的调解。这是调解委员会最常用的调解方式之一。单独调解适用于调委会独任管辖的纠纷。这类纠纷不涉及其他地区、其他单位的关系人。调解组织对纠纷双方当事人都比较熟悉,便于深入调查研究,摸清纠纷发生、发展情况,针对当事人的心理特点,开展调解工作;便于督促调解协议的履行;便于解决当事人合理的实际困难。因此调解成功率较高。单独调解应注意因人熟、地熟、情况熟而照顾情面或碍于一方势力所造成的不公正调解等弊端。

(2)共同调解

共同调解是指由两个或两个以上的人民调解组织,对于跨地区、跨单位的民间纠纷,协调配合,一起进行的调解。但共同调解实施起来较单独调解要复杂,因此,人民调解委员会在与其他地区或单位的人民调解委员会共同调解纠纷时应注意:

①共同调解是数个调解组织共同调解一起纠纷,在受理后,必须分清主次,以一个调解组织为主,其他调解组织协助。一般情况下,以先行受理民间纠纷的人民调解委员会为主,其他各方为协助调解方。当有两个或两个以上人民调解委员会同时受理时,应本着有利于纠纷调解的原则确定由其中哪个调委会管辖,并以有管辖权的调委会为主调解,其他有关各方协助调解。

②在实施调解前,要详细研究制定调解计划,明确分工。在进行调

解时，参与调解的调解组织要相互配合，加强信息交流，协调一致地开展工作。

③共同调解，要以事实为依据，以法律为准绳，对当事人要一视同仁，防止小团体主义、宗派主义对调解工作的干扰。

④调解协议达成后，各调解组织要以高度负责的精神督促本辖区内当事人认真履行调解协议。

⑤作为主方的调解委员会进行纠纷统计，并做好纠纷档案管理工作。

（3）直接调解

直接调解是指调解人员将纠纷双方当事人召集在一起，主持调解他们之间的纠纷。直接调解可以单独调解，也可共同调解。在实行这种调解之前，调解人员一般都事先分别对当事人进行谈话，掌握了处理这起纠纷的底数，直接调解普遍适用于：

①情节比较简单的纠纷，这类纠纷事实清楚，经说服教育，当事人能够认清是非曲直，使矛盾得到解决。

②矛盾冲突只限于双方当事人之间的纠纷。

③涉及当事人隐私或其他不宜扩散的纠纷。调解人员在采用直接调解的方式时，特别需要对当事人做深入细致的思想工作，促使当事人之间和解，在新的基础上增进团结。

（4）间接调解

间接调解是指调解人员动员借助纠纷当事人以外的第三者的力量进行调解。间接调解方式的运用可分为两种情况：一是针对某些积怨深、难度大的纠纷，动员借助当事人的亲属、朋友的力量，共同做好当事人的思想转化工作。这种调解方式在实践中经常被用来与直接调解结合或者交替使用；二是针对某些纠纷的当事人依恋于幕后人为其出主意的心理特征或其意志受幕后人控制、操纵的特点，先着重解决好与纠纷当事人有关的第三者的思想认识问题，然后利用当事人对亲近的人较为信任的心理共性，把对纠纷的正确认识通过第三者作用于当事人，促其转变。

(5)公开调解

公开调解是指人民调解委员会在调解纠纷时,向当地群众公布调解时间、调解场所,邀请当事人亲属或朋友参加,允许群众旁听的调解方式。这种调解形式主要适用于那些涉及面广、影响大、当事人一方或双方有严重过错,并对群众有教育示范作用的纠纷,以起到调解一件、教育一片的作用。采取公开调解的方式要注意:纠纷选择要有典型意义,要使群众通过参与调解达到受到法律、政策及社会公德教育的效果;所选择的纠纷不得涉及当事人的隐私;公开调解要注意方法,不能搞成"斗争会"或"批判会",应以说服教育为主,促成当事人之间和解。公开调解是人民调解委员会通过调解工作宣传法律、法规、规章和政策,教育公民遵纪守法,尊重社会公德的重要方式。

(6)非公开调解

非公开调解是指人民调解委员会在只有当事人在场而无其他人参加的情况下进行的调解。非公开调解是与公开调解相对而言的。非公开调解适用于涉及纠纷当事人隐私权的纠纷,如一些婚姻纠纷、恋爱纠纷、家庭内部纠纷和调委会认为不宜公开调解的其他纠纷。非公开调解是调委会针对纠纷当事人的特点和纠纷的具体情况,灵活采用的调解方式和调解技巧。

(7)联合调解

联合调解是指人民调解委员会同其他地区或部门的调解组织、群众团体、政府有关部门,甚至司法机关,相互配合,协同作战,共同综合治理民间纠纷的一种方式。联合调解与共同调解既有区别又有联系。联合调解不仅适用于跨地区、跨单位、跨行业的纠纷,久调不决或有激化可能的纠纷,以及涉及调解组织无力解决当事人合理的具体要求的纠纷,而且更适用于调解处理由土地、山林、坟地、宗教信仰等引起的大型纠纷和群众性械斗,适宜于专项治理多发性、易激化纠纷以及其他涉及面广、危害性大、后果严重的民间纠纷。联合调解较共同调解规模更大,必要时可在当地党委、政府的统一领导下,发动政府职能部门以及司法机关共同对民间纠纷进行疏导、调解、处理。联合调解是政府有关部门及司法机关与调解组织共同参与调解处理民间纠纷,将调解组织的疏导、调解同基层人民政府的行政处理、法院的审判活动联为一体的综合治理,因此较共同调解的权威性更强,效力更大。

联合调解处理程序应遵循参与部门的工作程序,如调解程序、处理程序、司法程序。联合调解除共同调解应注意的问题外,还应注意以下几点:

①加强组织领导,联合调解工作对象是大型的、复杂的民间纠纷,需要参与的各部门之间密切合作。因此,必须要做好组织、发动工作,专项治理多发性、易激化纠纷,更应加强组织领导,必要时可由基层人民政府出面,制定工作计划,统一部署。

②加强调解处理民间纠纷中的信息传递与反馈。大型纠纷往往涉及几个地区或者跨出县界、省界,参与调解处理的部门较多,并且分散。因此,必须加强调解处理民间纠纷信息传递与反馈,使主管领导了解纠纷发生、发展动态,了解调解处理效果,了解群众对联合调解的反映;同时也可使各部门更好地贯彻领导意图,按照民间纠纷调解处理部署开展工作。

③要严格政策界线。联合调解往往会与行政处理、法院审判相联系,因此,要严格按照各部门的分工,防止以罚代调,以调代法,严禁越权处理。

知识链接

《中华人民共和国人民调解法》第二十二条:

人民调解员根据纠纷的不同情况,可以采取多种方式调解民间纠纷,充分听取当事人的陈述,讲解有关法律、法规和国家政策,耐心疏导,在当事人平等协商、互谅互让的基础上提出纠纷解决方案，帮助当事人自愿达成调解协议。

31. 人民调解工作的流程有哪些？

(1)受理纠纷

受理纠纷是调解纠纷的第一步，一般有两种途径：一是纠纷当事人找到调解委员会请求调解纠纷，即当事人主动申请调解。申请时，当事人既可口头申请，也可书面申请；二是调解委员发现纠纷后，及时主动前去调解，特别是那些容易激化的纠纷更应该闻风而至，避免可能出现的恶果。受理纠纷时应注意，无论通过哪种途径，都要尊重双方当事人的意愿和他们的诉讼权利，如果当事人一方或双方坚持要求到人民法院解决，调解组织或调解人员不得干涉或阻拦，不得强行调解。受理纠纷后，如发现纠纷的性质或严重程度已超出调解委员会的职责范围，应动员纠纷当事人去人民法院(庭)或有关部门解决，也可移送有关部门处理。调解委员会受理纠纷时，要做好纠纷登记。在纠纷较多的情况下，应区分轻重缓急，优先调解那些濒临激化的纠纷。

(2)调查分析纠纷情况

受理纠纷后，要进行深入调查，充分掌握材料，弄清纠纷情况，判明纠纷性质和是非曲直。这是正确、圆满调解纠纷的前提。调查的内容，主要是纠纷性质、发生原因、发展过程、双方当事人争议的焦点、矛盾的主要方面等有关情况。调查的途径主要有：一是耐心听取双方当事人的陈述，了解纠纷过程和他们的真实思想和要求；二是向纠纷关系人、知情人和周围的群众做调查，进一步掌握其他有关情况，并印证双方当事人的陈述；三是到当事人所在单位了解情况，必要时，可求得单位领导和有关人员的支持；四是有些纠纷还需到现场调查，有些疑难的伤害纠纷，还须请有关部门进行伤情检查鉴定，查明伤害程度。在广泛调查的基础上，进行综合分析，通过去粗取精，去伪存真，抓住纠纷的主要矛盾和矛盾的主要方面，对症下药，这样才能有效、顺利地调解纠纷。

（3）对当事人进行调解

对当事人进行说服劝导是人民调解工作中的重要步骤，必须以事实为依据，以法律、法规、规章和政策为准则，法律、法规、规章和政策没有明确规定的，可依据社会公德，不能搞无原则的“和稀泥”。同时，要有不怕麻烦，不怕反复的精神，热情耐心，循循善诱地做当事人的思想工作。在说服劝导中，应根据纠纷性质、难易程度以及当事人的思想、性格等不同情况，区别对待。对简单的纠纷，涉及当事人隐私或其他不宜公开的纠纷，应个别调解。对比较复杂、影响面大的纠纷，可邀请周围群众代表，当事人单位的领导和亲戚朋友参与调解。

（4）促成当事人和解并达成调解协议

经过充分说理和耐心细致的说服教育工作，如果双方当事人已互谅互让，具备了达成调解协议的思想基础，调解人员就应该抓住时机，促成双方当事人达成调解协议。如果达不成一致意见，调解人员就应立即结束调解并提出合情、合理、合法的建议性解决方案，告知当事人可以依法通过仲裁、行政、司法等途径维护自己的权利，使他们经过协商，在新的基础上，自愿达成调解协议。

（5）调解协议的履行

人民调解委员会是国家法律规定的调解民间纠纷的群众性自治组织。因此，在调解委员会主持下，依据法律、政策自愿达成的调解协议，对当事人具有法律意义上的约束力，当事人应当履行。在履行调解协议过程中，如当事人一方或双方反悔，调解人员应当再次调解，同时也要检查调解协议是否存在问题。如有问题，应当征得双方当事人同意后予以纠正。如再次说服劝导无效，一方当事人或双方当事人要求基层政府处理,或向人民法院起诉的,调解委员会不得干涉或阻拦。调解委员会对难度大又无力调解的纠纷,可以报告司法助理员,请其协助调解。在调解协议履行过程中,调解委员会对那些容易反复和履行内容比较复杂的纠纷,应当进行回访,以巩固调解工作成果。

上述调解工作的程序是相互联系、相互渗透的,不可机械的照搬套用或把各个程序割裂开来。在调解具体纠纷时,要具体分析。确定步骤和方法时,要简便易行,讲究实效。

知识链接

《中华人民共和国人民调解法》第二十五条:

人民调解员在调解纠纷过程中,发现纠纷有可能激化的,应当采取有针对性的预防措施;对有可能引起治安案件、刑事案件的纠纷,应当及时向当地公安机关或者其他有关部门报告。

《中华人民共和国人民调解法》第二十六条:

人民调解员调解纠纷,调解不成的,应当终止调解,并依据有关法律、法规的规定,告知当事人可以依法通过仲裁、行政、司法等途径维护自己的权利。

32. 人民调解工作的方法有哪些?

(1)苗头预测法

苗头预测法,就是要求人民调解员要善于洞察和发现纠纷发生、发展、变化的苗头和客观规律,特别是纠纷当事人的思想和行为不断变化的特点,找出纠纷发生、发展、变化的原因,及时确定预防、解决纠纷的对策,把纠纷化解在萌芽状态或者遏制住其发展的势头,避免纠纷发生,防止矛盾进一步恶化、升级。

运用苗头预测法解决纠纷必须做好两个方面的工作：

①在纠纷还没有发生之前，就及时主动地预测纠纷可能发生的苗头，进而了解情况，发现问题，把纠纷遏制在萌芽状态，避免纠纷的发生。

②纠纷发生以后，要做到预测纠纷发展的态势和可能出现的变化，以便采取措施，防止纠纷激化、升级。只有做到这两个方面，才能真正实现苗头预测法的准确运用。

（2）面对面调解法

面对面调解法，就是把纠纷当事人叫到一起，当面摆事实、讲道理、进行调解的方法。

面对面的调解方法一般在两种情况下可以运用：

①适用矛盾较小，涉及亲情类纠纷。当事人之间或者分歧不大，或者矛盾不尖锐，或者纠纷当事人之间有一定的感情基础，需要坐在一起来解决问题，如家庭、婚姻、邻里、同事、朋友之间的纠纷大都可以运用此调解方法。

②适用于双方分歧逐渐缩小、对抗性不强，情绪也较稳定的情形。此类情形是在调解人员做了大量工作的基础上，当事人双方的分歧越来越小，情绪也趋平稳冷静，有可能进行理智协商的情形下，宜采用面对面调解的方式。

在面对面调解过程中，为了防止场面失控情形的出现，调解人员必须有能力主导话题、安抚情绪。一旦出现场面失控，调解人员要注意把握时机、灵活中止调解。

（3）背靠背调解法

背靠背调解法，就是在调解时不让当事人进行直接面对面的沟通，而是由人民调解员分别对当事人进行说服、教育，使双方不断让步，分歧趋于接近，从而促成调解的方法。

背靠背调解法一般针对当事人之间对抗性比较激烈、双方的“火气”

都很大、情绪波动大、双方对事实的认识出入大、分歧也较大、难以沟通的纠纷。在这种情况下,让双方当事人面对面地摆事实、讲道理,不但互相听不进去,反而会使纠纷加剧。因此,人民调解员要分别倾听当事人对纠纷的看法和各自所持的态度,考察双方的共同点和差异,寻找调解的突破口,然后分别对双方当事人进行说服、教育,逐步使双方的分歧缩小,并形成双方都能接受的调解方案,促使调解成功。

(4)换位思考法

换位思考法,就是在解决纠纷时,使调解人员和当事人都能设身处地地站在对方的立场上体验和思考问题,体察对方的感受和态度,形成与对方在情感上的交流,从而理解对方并改变自己的观点、态度和做法,使问题得到圆满的解决。

从解决纠纷的具体情况来看,换位思考法的具体适用主要表现在两个方面:一是调解员与当事人之间的换位思考,也就是调解人员要站在纠纷当事人双方的立场和角度促使当事人全面解决纠纷。调解人员站在当事人的立场,有助于与当事人顺利沟通,得到对方的信任。二是引导当事人之间的换位思考,调解人员引导、启发纠纷当事人相互在对方的立场上考虑问题。

在引导、启发当事人换位思考时,要特别注意,引导、启发当事人互相之间进行换位思考,并不是直接告诉当事人对方的想法及感受,而是应当通过告知对方的处境等背景和不断提出适当问题的方式引导,比如提出"如果是你,你会怎么办?"等问题,让当事人自己体会到对方的感受,得出正确的结论。

(5)褒扬激励法

褒扬激励法,就是对纠纷当事人本身所具有的优点和长处或者在该纠纷中表现出来的正确做法进行表扬激励,从而调动当事人的积极性,使当事人之间的纠纷得以有效解决的一种方法。这种方法对调解工作具有很好的促进作用:一是平稳当事人的情绪。因为大部分人都希望得到别人的支持和肯定,而对批评一般都比较反感。二是赢得当事人的信任,缩短人民调解员和当事人之间的距离。三是可以使当事人将自身所具有的优点以及处理问题的正确方式作为自己的行为准则。对当事人给予肯定的评价等于是公开给他贴了一个好的标签,会使当事人以此作为衡量自己行为的标准,从而不会做出与此相悖的行为。

(6)唤起旧情法

唤起旧情法,就是针对具有感情基础的纠纷当事人,通过使他们回忆从前相处,或者共同生活,或者共同经历的情与景,使其重温过去的美好时光,再现同舟共济、相互包容、相互理解、相互支持的历程,体会到他们从前的深厚感情,从而产生心灵触动,使纠纷得以解决的调解方法。

这种方法的运用是基于纠纷当事人之间有着较好的感情基础,他们之间的纠纷可能通过情感的因素得到化解和解决。因此,人民调解员如果运用该种方法进行调解,事前一定要做好充分的调查工作,首先了解纠纷当事人之间是否有着较好的感情基础,其次充分掌握纠纷当事人之间相处或共同生活的经历,即掌握大量的第一手材料。这样,才能够恰当地运用该种方法,并运用手中掌握的材料达到唤起旧情的效果。如果纠纷当事人之间没有良好的感情基础,则不能运用该种方法,否则,结果可能适得其反。

(7)冷处理法

冷处理法,就是人民调解员对当事人要求解决的纠纷不要急于着手调解,而是想办法使当事人先冷静下来,待其心平气和后再进行调解的方法。

这种方法一般是针对比较激烈的纠纷,这类纠纷的当事人一般脾气暴躁,容易冲动失去理智。当纠纷发生时,纠纷当事人情绪一般都比较激动,表现出剑拔弩张、势不两立的态势,谁的意见都听不进去。此时如果急于调解,很难对当事人进行有效的说服劝导,反而可能会由于处置不当导致矛盾激化。因此,接手这类纠纷后,人民调解员应先采取有效方法和策略,制止事态扩大或蔓延。然后,把纠纷放一放,给当事人一个缓冲的时间,稳定一下情绪,缓解一下紧张的气氛。这样,当事人的心态会逐渐平静,不再那么偏执、冲动、固执己见。此时,人民调解员再依照法律法规对当事人进行耐心细致的说服教育,促使调解协议的达成就比较容易。

(8)重点突破法

重点突破法,就是指抓住纠纷中的重点作为解决纠纷的突破口,从而有效地解决纠纷的方法。具体表现为抓住主要矛盾进行调解、抓住关键人物进行调解或者采取先易后难、逐个击破的方法进行调解。根据选择的重点的不同,重点突破法可以分为以下几种具体方法:

①抓住主要矛盾法。抓住主要矛盾法,是指人民调解员在进行调解时,依照纠纷的具体情况,抓住纠纷发展过程中起决定作用的矛盾进行调解的方法。一般来讲,在一个纠纷中存在的多个矛盾之间往往有着千丝万缕的联系,其中一个矛盾解决了也就意味着其他矛盾也迎刃而解,或者欲解决某一矛盾要以其他矛盾的解决为前提。此时,人民调解员要通过全面了解纠纷情况,发现对解决纠纷起关键作用的主要矛盾。只有抓住主要矛盾,才能把握纠纷的本质和发展趋势,并带动和促进其他矛盾的解决。同时,抓住主要矛盾进行调解,能够掌控纠纷的发展和变化,掌握工作主动权,并有针对性地化解纠纷,提高效率。

②抓住关键人物法。抓住关键人物法,就是抓住纠纷当事人中起关键作用的人物,首先对其说服、劝解,形成初步调解结果,从而带动其他纠纷当事人接受该调解结果的方法。在某些群体性的纠纷中,某些纠纷当事人往往对纠纷的性质、事态并不起多大影响,他们往往是追随着某些纠纷当事人,听从或者参考这些纠纷当事人的意见,见机行事,随波逐流。因此,在调解时,只要集中力量,突破这些“关键”当事人的防线,那么整个纠纷也就容易解决了。

③先易后难、逐个击破法。采用先易后难、逐个击破的方法进行调

解，就是在人民调解组织和调解人员对纠纷进行调解时，先对纠纷中比较容易接受调解的当事人进行调解，达成调解协议，然后再对较难接受调解的当事人进行说服、劝导，最终使调解成功。

(9)舆论压力法

舆论压力法，就是人民调解员在进行调解时，通过提示当事人关注周围的人对此事的看法和评价，给纠纷当事人造成一种压力，使得纠纷当事人放弃自己不正当的要求，从而达成调解的方法。

运用舆论压力法进行调解，要注意做到以下两点：

①人民调解员一定要掌握"公众对此纠纷是什么看法"的信息。只有掌握了纠纷的有关舆论信息，才能充分利用这些信息。

②要注意分辨哪些舆论是正确的，哪些舆论是错误的。

(10)适当强硬手段法

适当强硬手段法，是指在适当情况下要依靠强硬手段解决纠纷。也就是，某些民间纠纷基于纠纷当事人的个人原因，单纯地对其说服教育已经起不到调解的效果，还需要政府及相关部门在合法的前提下，运用罚款、限制人身自由或者其他强制性行为等强硬手段解决纠纷。

有些纠纷已不属于单纯的矛盾冲突问题，而是上升到严重违法的边缘，甚至就是一种犯罪行为。如有的纠纷当事人无理取闹、挑起事端就是想获取不正当利益。因此，对他们进行说服教育，有时效果甚微。在这种情况下，就需要借助国家权力，适当运用强制方法对他们采取强硬手段，以对其形成威慑，在此基础上再进行调解，才会取得好的效果。

(11)模糊处理法

模糊处理法，是指人民调解员调解纠纷时，对纠纷当事人之间的一些非原则性问题，并不进行细致的分析和探究，而是作出粗线条的处理。也就是人们常说的"宜粗不宜细"。

由于民间纠纷所涉及的某些事实并不能清晰地进行判断，或者纠纷的处理结果不宜绝对地"一是一，二是二"。如果在这些枝节问题上斤斤计较反而会影响调解的效果。采用模糊处理法就可以避免这些问题。模糊处理法并非无原则的调解，同样需要建立在以法律和政策为依据、分清是非责任的基础上。

人民调解组织和调解员开展调解工作过程中要善于针对矛盾纠纷的不同情况，采用不同的模糊处理方法：

①模糊表述。在纠纷的调解过程中，难免会碰到一些问题不宜做出非此即彼的判断。在这种情况下，态度鲜明地表态是不必要的，此时就应进行模糊表述。特别是对一些一时难以分辨或难以启齿的问题，运用模糊表述的方法效果会更好一些。

②模糊传达的双方信息。对于那些当事人双方意见分歧较大、情绪波动大、对抗较严重的民间纠纷，人民调解员对于双方陈述的事实、表达的要求要适当过滤后再传达给对方。这样就可以避免当事人的分歧和对立升级。

③模糊调查。人民调解员在调查此类纠纷的具体情况时，特别是在了解纠纷的具体事实时，不要企图把纠纷发生过程中的每一个事实、每一个细节、当事人的每一个行为以及所说的每一句话都调查的清清楚楚，这既没有必要也不可能。所以，要采用一种模糊的方式对纠纷事实进行调查，其调查程度只要基本脉络清晰、基本事实清楚，足以分清是非责任就可以了，某些不易查清且不影响纠纷当事人责任认定的事实可以忽略。

④模糊调解。模糊调解强调在调解过程中，人民调解员只要在大是大非的基础上，使当事人双方的权利和义务得到保障和明确、协议得以达成就可以了，不需要对任何问题都面面俱到查证属实并严格区分责任。当然，模糊调解并不等于“和稀泥”，调解的基本原则还是要坚持的，谁是谁非也必须分清楚。

⑤模糊批评。模糊批评就是在调解过程中，对当事人的模糊行为、错误思想，在适当的时机和场合指出来，但不过分指责和死死抓住不放，

而是强调“点到为止”。

模糊批评实质上就是既适时、适当指出纠纷当事人的错误，又让纠纷当事人接受，不致让当事人感觉人民调解员是专门针对自己的缺点、错误进行说教。模糊批评要程度适当，恰到好处。

（12）依靠多种社会力量协助调解法

依靠多种社会力量协助调解法，就是指在调解过程中，除了依靠人民调解员自身的力量进行调解外，还需取得当事人的亲友和当地有威望的人以及其他社会力量给予支持和帮助，从而完成调解的方法。

①依靠当事人的亲友。人民调解员要善于动员当事人的亲友协助调解。当事人的亲友一般是指与当事人关系密切的亲戚和朋友。因为他们与当事人的关系比较密切，彼此之间存在着一定的信任基础，依靠他们协助调解，容易为当事人所接受。特别是这些人对当事人的状况也比较熟悉，能够抓住问题的症结，对症下药，再加上感情亲近，有利于说服当事人，易取得较好的效果。

②依靠当事人家族中或者当地有威望的人。人民调解员还要善于依靠那些在当事人家族中或者在当地有威望的人对当事人进行说服、劝解。在当事人家族中或者在当地有威望的人，是指那些社会经验丰富、明白事理、会处理事情，在当事人家族中或者在当地有影响并受到尊重的人。依靠这样的人对纠纷当事人进行调解，纠纷当事人基于对这些人的尊重和信赖，往往能够听得进这些人讲的话，接受某种调解结果。因此，依靠那些在当事人家族中或者在当地有威望的人对当事人进行说服、劝解，可能效果会更佳。

③依靠媒体的力量。人民调解员在实施具体纠纷的调解过程中要善于依靠媒体的力量。因为有些纠纷当事人可能什么都不在乎，但就怕被媒体曝光。因此，在调解时，有时依赖媒体力量，效果会很好。

④依靠相关部门。如果碰到特别复杂的纠纷，人民调解员可请求相关部门到场协助，联合调解。近年来实行联合调解的纠纷越来越多，根

据纠纷的情况不同，可分别由当事人所在单位、行业协会、当事人居住地的基层组织、政府有关部门与人民调解组织一同调解，或者多个部门联合调解。

上述人民调解的具体方法是调解过程中经常使用的一些方法。这些方法之间并不是孤立的，有时需要根据纠纷情况结合、转化使用。在一个纠纷中可同时使用两个以上的调解方法，特别是在调解复杂纠纷的过程中，尤为必要。

知识链接

《人民调解工作若干规定》第三十一条：

人民调解委员会调解纠纷，应当在查明事实、分清责任的基础上，根据当事人的特点和纠纷性质、难易程度、发展变化的情况，采取灵活多样的方式方法，开展耐心、细致的说服疏导工作，促使双方当事人互谅互让，消除隔阂，引导、帮助当事人达成解决纠纷的调解协议。

《人民调解工作若干规定》第三十二条：

人民调解委员会调解纠纷，应当密切注意纠纷激化的苗头，通过调解活动防止纠纷激化。

33. 人民调解工作的技巧有哪些？

在调解工作实践中，调解不同类型的纠纷时，除了要运用不同的调解方法，还要根据纠纷的具体情祝采用不同的调解技巧，把调解方法和调解技巧有机结合起来，有助于达到事半功倍的效果，顺利完成调解工作的目的。及时了解和掌握时间、地点、人物、情节及原因要素是做好各类民间纠纷调解工作的基础和前提，而掌握语言要素往往决定调解的成功和失败。也可以说，掌握好这几个要素是调解好纠纷的最基本、最关键的技巧。

(1)时间要素运用技巧

民间纠纷所涉及的时间问题包含以下三个方面：纠纷发生的时间、纠纷持续的时间、调解纠纷的时机。民间纠纷发生的时间往往具有季节规律，它是调解人员做好预防工作所必须掌握的。民间纠纷持续的时间，往往说明了民间纠纷的复杂程度和调解工作的难易程度。对于这类时间长、隔阂深、问题比较复杂的纠纷，调解人员要做好持续作战的准备。调解纠纷的时机，包括两个方面的内容：一是指对于持续时间长、久调而未决的纠纷，调解人员要选取最佳时机再一次进行调解；二是指在调解纠纷的过程中，调解人员要把握好说话的时机。

如何把握调解纠纷的时机呢？首先，在调解时不要急于求成而是要反复调查研究，耐心细致做工作，抓住有利时机稳妥解决。如果遇到当事人不懂法时应当先宣传有关法律，循循善诱，积极疏导，进行调解。如果遇到当事人冲动发火不冷静时，不能强行调解，这样是起不到调解的作用的，应等待时机再行调解。其次，根据谈话的环境和当事人的心态决定谈话的内容。特别是批评教育的话，提出要求的话，更要注意说话方式和说话时间，以免引起当事人的反感和敌视。

(2)地点要素运用技巧

受生活环境和传统习俗的影响，发生在不同地方的相同民间纠纷，会呈现出不同的特征。例如：同样是因为建房时所建房屋地基高于邻居家的房屋而引起的房屋纠纷，在发达的农村地区，邻居往往会因为采光权受影响而与建房者发生纠纷，大多表现为争吵；而在落后且封建迷信思想严重的农村地区，邻居往往会以自家的风水受影响而与建房者发生纠纷，发生打架斗殴的概率大大增加。调解人员只有熟悉掌握地点要素，才能因地制宜，采取行之有效的调解方法。

(3)人物要素运用技巧

纠纷的主体是双方当事人,调解纠纷实际上是调解人员对双方当事人所做的疏导、说服工作。由于自然状况、生活环境、文化素质和道德观念的差异,每个人都有着不同的个性特征。不同个性特征的当事人对纠纷和调解人员的工作会有不同的看法。如外向型性格的人感情外露,内心想法会很快通过表情和行为表现出来;而内向型性格的人感情深沉,内心想法不易形于色和付诸行动。

这就要求调解人员善于察颜观色,通过分析纠纷当事人的表情、言语和行为,弄清楚当事人内心的真实想法。再如,文化水平、法律素质高的人,自我调节能力较强,纠纷心理不容易形成,即使形成也不易外化为纠纷行为。如果这类人与其他人发生了纠纷,他们对调解员有道理的话容易听得进去,也能理解调解员的工作并给予配合;反之,文化水平、法律素质低的人,其自我调节能力较差,纠纷心理容易形成并容易转化为纠纷行为。对这类纠纷当事人,调解人员就必须多花功夫,用通俗易懂的语言把法律和政策讲清楚、讲透彻。针对这种类型的当事人,平时的帮教工作和回访工作都是至关重要的。总之,调解人员只有把握了纠纷当事人的个性特征,才能有的放矢、对症下药,有针对性的采取各种调解方式和方法,攻心为上,突破当事人的种种心理障碍,以达到息事宁人的目的。

(4)情节要素运用技巧

纠纷的情节要素主要是指纠纷发生、发展的整个过程中的真实情况。纠纷的萌芽、发生、发展乃至激化的全部事实经过、纠纷过程中双方当事人各有哪些过激的语言和行为,甚至双方当事人各自的企图、动机和目的等都是调解纠纷的事实依据。掌握充分的事实依据,做到有备无患,打有准备之战,对于蛮不讲理、死不认账、心存侥幸的当事人,调解员出示真实全面的事实证据,可以起到威慑当事人,促使其低头认错的作用。而对于心存疑虑,有所顾虑的当事人,一个充分掌握纠纷情节的调解员更能赢得他们的信任和配合。对调解人员来说,只有通过深入细致的调查,掌握这些事实依据,才可以在调解中灵活运用多种多样的调解方法,继而使当事人双方心服口服,使纠纷顺利得到解决。

(5)原因要素运用技巧

纠纷的原因是指纠纷发生的起因,也就是引发纠纷的事实,包括直接原因和间接原因,远因和近因。纠纷的原因是纠纷的根结所在,因此,也就是调解人员调解时的切入点。对于一起看似简单的民间纠纷来说,可能直接原因和间接原因同在,远因与近因共存。一般来说,直接原因和近因是比较容易查明的。但往往引发纠纷的真正原因是隐藏在直接原因和近因后面的间接原因和远因。这就要求调解人员深入实际做艰苦细致的调查工作,拨开层层面纱,找到深藏其后的引发纠纷的真正原因。只有抓住真正的原因,才能从根源上彻底解决纠纷。

(6)语言要素运用技巧

人民调解的对象是人。调解工作离不开做人的思想工作。要做好当事人的思想工作,人民调解员必须有一副好口才。语言作为表达和传播思想感情的工具,在民间纠纷调解过程中,至关重要。调解工作的实践证明:恰到好处的语言表达能使调解工作收到更好的效果。广义的语言既包括言语语言,又包括肢体语言。

言语语言,包括书面语言和口头语言两部分。口头语言又包括两部分:口头语言的本质内容,即谈话内容;口头语言的外在形式,即语音,语音又包括语调、语气、音量、音长。肢体语言,也可称为体态语言,是借助面部表情和身体的各种动作表达含义并进而实现沟通和交流。调解语言要素的运用技巧也分为两部分:口头语言的运用技巧和体态语言的运用技巧。其中口头语言的运用技巧又分为谈话内容的运用技巧和语音的运用技巧,体态语言运用技巧又主要包括面部表情的运用技巧和姿势的运用技巧。

知识链接

要取得调解的最佳效果,要做到"一个抓住,两个找到,三个公开,四个注意"。

"一个抓住"就是要抓住争议的焦点。调解人员要多学(专业知识)、多听(当事人和知情人陈述)、多看(各方材料)、多问、多思考,才能抓住焦点。

"两个找到":一是找到争执双方的共同点,该共同点是双方利益的对立统一面,是解决纠纷的突破口,也是确立调解方案的基础;二是找到把对立双方统一到共同利益上来的有效途径。

"三个公开":能证明事实的证据公开,与本案有关的法律规定公开,解决纠纷的思路公开。给当事人指明方向,使当事人明白解决纠纷的最好结局是什么,从而促使其做出正确的选择。当然,实行"三个公开"应做到三点,才能真正达到公开的正面效应,即要做到以德取人,以心换心,树立公正形象,避免亲此疏彼;要做到以法引导,以理服人,防止先入为主、强加于人;要做到以情平气,以情慰弱,消除误解,平心静气解决纠纷。

"四个注意"就是调解工作人员在调解过程中要做到:注意营造必要的调解氛围;注意把握调解时机,适时进行调解;坚持公开、公正、公平的调解原则;因人而异、因案而异地进行调解。

34. 人民调解协议的内容有哪些?

经人民调解委员会调解达成的调解协议,可以制作调解协议书。当事人认为无需制作调解协议书的可以采取口头协议方式,人民调解员应当记录协议内容。

调解协议应当载明下列事项：

（1）双方当事人基本情况。包括双方当事人的姓名、性别、民族、年龄、职业单位或住址等自然情况。

（2）纠纷简要事实、争议事项及双方责任。即当事人双方产生纠纷的主要原因、过程，所争议的具体事项及内容，以及在该纠纷中双方当事人各自承担什么样的责任。

（3）履行协议的方式、地点、期限。明确写出调解协议的履行方式、地点、期限、有利于协议的实际履行，保护当事人的权益。

知识链接

调解协议书上需当事人签名、调解主持人签名、人民调解委员会印章。这样表明双方当事人对该协议的认可，是双方真实意思的表示，表明该协议是在人民调解委员会的主持下达成的。调解协议制作完成后，由纠纷当事人各执一份，人民调解委员会留存一份。口头调解协议自各方当事人达成协议之日起生效。

35. 人民调解协议的法律效力有哪些？

依照《中华人民共和国人民调解法》第三十至三十二条规定，可知人民调解协议有如下法律效力：

（1）经人民调解委员会调解达成的调解协议，具有法律约束力，双方当事人应当按照约定履行，人民调解委员会应当对调解协议的履行情况进行监督，督促当事人履行约定的义务。

（2）经人民调解达成的协议，双方当事人认为有必要的，可自调解协议生效之日起 30 日内共同向人民法院申请司法确认。

(3)一旦人民法院依法确认调解协议有效,一方当事人拒绝履行或者未全部履行的,对方当事人可以向人民法院申请强制执行。人民法院依法确认调解协议无效的,当事人可以通过人民调解方式变更原调解协议或者达成新的调解协议,也可以向人民法院提起诉讼。

知识链接

《中华人民共和国人民调解法》第二十九条:

调解协议书可以载明下列事项:

(一)当事人的基本情况;

(二)纠纷的主要事实、争议事项以及各方当事人的责任;

(三)当事人达成调解协议的内容,履行的方式、期限。

调解协议书自各方当事人签名、盖章或者按指印,人民调解员签名并加盖人民调解委员会印章之日起生效。调解协议书由双方当事人各执一份,人民调解委员会留存一份。

第四章　邻里纠纷与民事诉讼、仲裁

36. 民事诉讼的含义及特点有哪些?

民事诉讼就是民事官司,是指当事人之间因民事权益矛盾或者经济利益冲突,向人民法院提起诉讼,人民法院立案受理,在双方当事人和其他诉讼参与人的参加下,经人民法院审理和解决民事案件、经济纠纷案件和法律规定由人民法院审理的特殊案件的活动,以及这些诉讼活动中所产生的法律关系的总和。

民事诉讼的特点有以下几种:

(1)民事诉讼既包括法院依法进行的审判活动,也包括当事人和其他诉讼参与人依法进行的诉讼活动,在这些活动中法院和各诉讼参与人之间发生诉讼法律关系。

(2)法院的审判活动对民事诉讼的开始、发展和终结具有决定性作用,双方当事人的诉讼活动则对民事诉讼的开始、发展和终结具有很大影响。

(3)民事诉讼的整个过程,围绕解决民事纠纷这一基本任务,由若干个有其中心任务的阶段组成,同时各个阶段相互衔接,依次连续进行。

知识链接

《中华人民共和国民事诉讼法》第二条:

中华人民共和国民事诉讼法的任务,是保护当事人行使诉讼权利,保证人民法院查明事实,分清是非,正确适用法律,及时审理民事案件,确认民事权利义务关系，制裁民事违法行为，保护当事人的合法权益，教育公民自觉遵守法律，维护社会秩序、经济秩序，保障社会主义建设事业顺利进行。

37.民事诉讼的基本原则有哪些？

民事诉讼的基本原则主要有以下七种原则。

（1）平等原则

平等原则，是指在民事诉讼中，当事人平等地享有和行使诉讼权利。这一原则包括以下两个方面的内容：一方面，民事诉讼当事人平等地享有诉讼权利；另一方面，人民法院应当为当事人平等地行使法律规定的诉讼权利提供必要的保障和方便。

（2）同等原则和对等原则

《中华人民共和国民事诉讼法》第五条第一款规定：外国人、无国籍人、外国企业和组织在人民法院起诉、应诉，同中华人民共和国公民、法人和其他组织有同等的诉讼权利义务。这一规定表明，我国法律对在人民法院进行民事诉讼的外国人、无国籍人、外国企业和组织，赋予他们同我国公民、法人和其他组织同等的诉讼权利义务，这就是同等原则。《中华人民共和国民事诉讼法》第五条第二款规定：外国法院对中华人民共和国公民、法人和其他组织的民事诉讼权利加以限制的，中华人民共和国人民法院对该国公民、企业和组织的民事诉讼权利，实行对等原则。这一规定表明，外国法院对我国公民、法人和其他组织的民事诉讼权利加以限制的，人民法院对该国公民、企业和组织的民事诉讼权利，也采取相应措施，加以限制，这就是对等原则。

(3)法院调解自愿和合法的原则

《中华人民共和国民事诉讼法》第九条规定:人民法院审理民事案件,应当根据自愿和合法的原则进行调解;调解不成的,应当及时判决。根据这一规定,人民法院审理民事案件时,要多做说服教育和疏导工作,促使双方达成协议,解决纠纷。

(4)辩论原则

民事诉讼的辩论性原则,是指在人民法院主持下,当事人有权就案件事实和争议的问题,各自陈述其主张和根据,互相进行反驳和答辩。这一原则包括以下内容:辩论的主体只限于当事人及其诉讼代理人;辩论的形式包括书面和口头两种;辩论的内容,主要应当围绕案件如何进行处理的实质性问题、双方争议的焦点进行展开,但也包括案件涉及的诉讼程序问题。

(5)处分原则

处分原则,是指民事诉讼当事人有权在法律规定的范围内,处分自己的民事权利和诉讼权利。处分即自由支配,对于权利可行使,也可以放弃。

(6)支持起诉原则

支持起诉原则是指机关、社会团体、企业事业单位对损害国家、集体或者个人民事权益的行为,可以支持受损害的单位或者个人向人民法院起诉。

(7)检察监督原则

人民检察院有权对民事审判活动实行法律监督。人民检察院实行监督的内容主要有两个方面:

①监督审判人员贪赃枉法、徇私舞弊等违法行为。这方面的监督主要采取消极的方式,即它一般不主动调查和追究司法审判中的不法行为。民事经济案件中的原告和被告或者其他人对审判中的不法行为,对审判人员进行控告、检举,人民检察院应履行法律监督的职责。

②对人民法院作出的生效判决、裁定是否正确合法进行监督。根据审判监督程序的规定，人民检察院对人民法院已经发生法律效力的判决、裁定，如果认为有错误，应当提出抗诉，并派员出席再审法庭。

知识链接

民事诉讼反应民事主体权益之争，民事主体不论在实体上还是在程序上，都有依法处分其权利的自由。民事诉讼中的原告有权依法处分其诉讼权利和实体权利，被告也有权处分其诉讼权利和实体权利。正因为如此，民事诉讼形成了自己特有的机制，诉讼中的和解制度和调解制度，对当事人处分其权利具有独特的意义和作用。对法院发生法律效力的判决，胜诉的一方当事人可以申请执行，也可以不申请执行。

38. 民事诉讼审理程序的流程有哪些？

(1)一审程序的流程

普通程序是民事诉讼的基本程序，任何民事诉讼案件均可以适用。普通程序是诉讼程序中最基本、最核心的一种程序，是诉讼程序的基础，具有审判程序通则的功能。

①起诉与受理。起诉是指公民、法人或者其他组织认为自己享有的或者依法由自己管理、支配的民事权益受到侵害，或者与他人发生争议，以自己的名义要求法院通过审判予以司法保护的诉讼行为。

受理是指人民法院对原告的起诉进行审查，认为符合起诉的条件，决定立案审理的诉讼行为。人民法院收到起诉状或者口头起诉，经审查认为符合起诉条件的，应在7日内立案，并通知当事人。

②审理前准备. 审理前准备，是指法院受理案件以后至开庭审理之

前,由审判案件的合议庭依法进行的各项诉讼活动的总称。其目的是保证庭审活动及时有效地进行,防止诉讼拖延。

审理前的准备工作主要有:在法定期间内送达诉讼文书;告知当事人诉讼权利义务和合议庭组成人员;确定举证期限;审阅诉讼材料,调查收集必要的证据;审查管辖权异议;追加当事人;程序分流;召集庭前会议。

③开庭审理。开庭审理,是指法院在当事人及其他诉讼参与人的参加下,于确定的期日,依照法定程序和形式,在法庭上对案件进行实体审理并作出裁判的诉讼活动。

开庭审理由以下几个既相对独立又相互联系的阶段组成:

第一,开庭准备。开庭准备是开庭审理的初始阶段,是指法庭在开庭日期到来时,为了保证案件实体审理的顺利进行而完成的必需的准备工作。

第二,宣布开庭。合议庭的审判活动由审判长主持。

第三,法庭调查。法庭调查是指审判人员通过当事人及其诉讼代理人的举证、质证,审查核实证据进而查明案件事实的诉讼活动。法庭调查是开庭审理的重要阶段,其主要任务有两项:一是审查核实证据;二是查清案件事实。

第四,法庭辩论。法庭辩论指在审判人员的主持下,当事人及其诉讼代理人根据法庭查明的事实和证据,就案件中的争议问题,阐明自己的观点和意见,并相互进行辩驳的诉讼活动。

第五,合议庭评议。合议庭评议是指在法庭辩论结束后,合议庭成员以法庭调查和法庭辩论的内容为基础,认定案件事实,分清是非责任,适用法律对案件作出处理结论的活动。

第六,宣告判决。宣告判决是指法庭向当事人、诉讼参与人和社会公开宣告对案件的判决结果。

(2)第二审程序

一般在民事案件中,如果有一审存在的疑义可以申请二审,但是因为二审程序和一审程序还是有一定区别的。第二审程序大致有以下流程:

①立案。当事人对于一审的判决不服,可以在裁定的时间内向一审法院或上级人民法院提出上诉。二审法院审查一审移交送来的材料急卷宗,符合条件,予以立案。

②开庭审理。案件事实基本清楚,可以不开庭审理,但必须与双方当事人进行谈话。提前3日通知当事人开庭时间、地点、承办人;公开审理的案件提前3日公告;移送审判庭开庭审理。

开庭审理流程如下:

第一,宣布开庭。核对当事人身份,宣布合议庭成员,告知当事人权利义务,询问是否申请回避。

第二,法庭调查。当事人陈述案件事实。

第三,举证质证。告知证人的权利义务,证人作证,宣读未到庭的证人证言,出示书证、物证和视听资料;双方当事人就证据材料发表意见。

第四,法庭辩论。各方当事人就有争议的事实和法律问题,进行辩驳和论证。

第五,法庭调解。在法庭主持下,双方当事人协议解决纠纷。

第六,合议庭合议作出裁决。维持原判,或者改判,或者发回重审。

第七,宣判。

(3)审判监督程序

审判监督程序即再审程序,是指由有审判监督权的法定机关和人员提起,或由当事人申请,由人民法院对发生法律效力的判决、裁定、调解书再次审理的程序。

①人民法院提起再审的程序。人民法院提起再审,必须是已经发生法律效力的判决裁定确有错误。其程序为:各级人民法院院长对本院已

经发生法律效力的判决、裁定,发现确有错误,认为需要再审的,应当提交审判委员会讨论决定。最高人民法院对地方各级人民法院已经生效的判决、裁定,上级人民法院对下级人民法院已生效的判决、裁定,发现确有错误的,有权提审或指令下级人民法院再审。按照审判监督程序决定再审的案件,裁定中止原判次的执行。

人民法院按照审判监督程序再审的案件,发生法律效力的判决、裁定是由第一审法院作出的,按照第一审程序审理,对所作的判决、裁定,当事人可以上诉;发生法律效力的判决、裁定是由第二审法院作出的,按照第二审程序审理,所作的判决、裁定是发生法律效力的判决、裁定;上级人民法院按照审判监督程序提审的,按照第二审程序审理,所作的判决、裁定是发生法律效力的判决、裁定。

②当事人申请再审的程序。当事人申请不一定引起审判监督程序,只有在同时符合下列条件的前提下,由人民法院依法决定,才可以启动再审程序。

当事人申请再审的条件。当事人对已经发生法律效力的判决、裁定,认为有错误的,可以向上一级人民法院申请再审,但不停止判决、裁定的执行。对违反法定程序可能影响案件正确判决、裁定的情形,或者审判人员在审理该案件时有贪污受贿,徇私舞弊,枉法裁判行为的,人民法院应当再审。

当事人可以申请再审的时间。当事人申请再审,应当在判决、裁定发生法律效力后两年内提出;两年后据以作出原判决、裁定的法律文书被撤销或者变更,以及发现审判人员在审理该案件时有贪污受贿、徇私舞弊、枉法裁判行为的,自知道或者应当知道之日起 3 个月内提出。

③人民检察院的抗诉。抗诉是指人民检察院对人民法院发生法律效力的判决、裁定,发现有提起抗诉的法定情形,提请人民法院对案件重新审理。

最高人民检察院对各级人民法院已经发生法律效力的判决、裁定,上级人民检察院对下级人民法院已经发生法律效力的判决、裁定,发现有符合当事人可以申请再审情形之一的,应当按照审判监督程序提起抗诉。地方各级人民检察院对同级人民法院已经发生法律效力的判决、裁定,发现有符合当事人可以申请再审情形之一的,应当提请上级人民检察院向同级人民法院提出抗诉。

知识链接

《中华人民共和国民事诉讼法》第一百四十九条:

人民法院适用普通程序审理的案件,应当在立案之日起六个月内审结。有特殊情况需要延长的,由本院院长批准,可以延长六个月;还需要延长的,报请上级人民法院批准。

《中华人民共和国民事诉讼法》第一百五十八条:

对简单的民事案件,原告可以口头起诉。

当事人双方可以同时到基层人民法院或者它派出的法庭,请求解决纠纷。基层人民法院或者它派出的法庭可以当即审理,也可以另定日期审理。

《中华人民共和国民事诉讼法》第一百六十四条:

当事人不服地方人民法院第一审判决的,有权在判决书送达之日起十五日内向上一级人民法院提起上诉。

当事人不服地方人民法院第一审裁定的,有权在裁定书送达之日起十日内向上一级人民法院提起上诉。

《中华人民共和国民事诉讼法》第一百七十六条:

人民法院审理对判决的上诉案件,应当在第二审立案之日起三个月内审结。有特殊情况需要延长的,由本院院长批准。

人民法院审理对裁定的上诉案件,应当在第二审立案之日起三十日内作出终审裁定。

《中华人民共和国民事诉讼法》第二百零六条:

按照审判监督程序决定再审的案件，裁定中止原判决、裁定、调解书的执行，但追索赡养费、扶养费、抚育费、抚恤金、医疗费用、劳动报酬等案件，可以不中止执行。

39. 法院调解的含义是什么？

法院调解又称民事诉讼调解制度，是人民法院在审理民事案件过程中贯彻调解制度的一种表现，是人民法院行使审判权解决民事纠纷和经济纠纷的一种方式。

法院调解包括两个方面的含义：一是指人民法院审判人员在办案过程中，对当事人进行法制教育思想疏导工作的活动；二是指人民法院审判人员在办案过程中，主持和引导当事人用平等协商的办法解决纠纷，达成协议，终结诉讼的一种方式。法院调解制度是建立在当事人处分权基础上的，是当事人行使处分权和法院行使审判权相结合的产物。

知识链接

法院调解作为《中华人民共和国民事诉讼法》一项基本原则，在民事诉讼中具有广泛的适用性。除了以特别程序、督促程序、公示催告程序和企业法人破产还债程序审理的案件外，所有民事争议事件，在当事人自愿的基础上，在第一审普通程序和简易程序、第二审程序和审判监督程序中，均可适用法院调解。但法院调解不是审理民事案件的必经程序。如当事人不愿调解或无调解基础的案件，法院不经调解而作出判决。在执行程序中也不适用法院调解，因人民法院的裁判已发生法律效力，非经审判监督程序，人民法院和当事人都不能变更裁判所确定的内容。

40. 法院调解的功能有哪些?

法院调解具有以下几个方面的功能:

(1)有利于及时化解争议,节约司法资源。调解结案与判决结案相比,最为显著的一个特点就是及时、快捷、简便。以调解方式解决民事纠纷,使当事人在自愿的基础上达成调解协议,减少了诉讼程序,节省了人力、物力和时间,提高了人民法院的办案效率,节约了司法资源。

(2)有利于减轻双方当事人之间的对抗性,从根本上化解矛盾。双方当事人在人民法院的主持下,在平等协商,双方都做一定让步的基础上,自愿达成的协议,比法院依法所作出的判决在情感上更易于接受,一般情况下不会激化双方当事人之间的矛盾。如果案件经过法庭调查及激烈的法庭辩论后,双方当事人之间未能达成协议,则矛盾有可能被激化。在开庭结束后,如果双方当事人还未能冷静下来,被激化的矛盾就可能进一步演变为暴力事件,甚至更为严重的后果。

(3)有利于加强法制宣传教育,预防和减少纠纷。调解的过程,也是向当事人和人民群众宣传国家法律、政策的过程,使广大群众知法、守法,树立法制观念,增强法制意识,从而做到调解一案,教育一片,减少诉讼和预防纠纷的目的。

知识链接

法院调解有利于提高法院工作效率。审前调解和简易程序中的调判结合,可以较大地提高法院的审判工作效率,实现案件的繁简分流,有利于法院资源的合理分配。其次,调解有利于达到良好的社会效果,保证社会稳定。法院判决的难题不仅在于司法权威、司法程序等诸多方面的原因,还在于很多纠纷本身无明确的法律依据,由法院根据自由裁量权作出的裁判一方面很难保证当事人和社会能够接受，另一方面也会造成法律适用方面的极大的不统一和不确定的结果。法院通过调解，将一部分棘手的纠纷“彻底”处理掉，不仅能够减少社会的指责，而且能够为自己创造更好的生存环境。

41. 法院调解的适用范围有哪些？

法院调解的适用范围包括以下几个方面：

（1）适用的案件

一般来讲，凡属于民事权益争议性质、存在调解可能的案件，人民法院均可以用调解方式解决。

（2）适用的程序

法院调解原则适用于解决民事权利义务争议的审判程序的全过程。包括：第一审程序、第二审程序以及审判监督程序。但是，非诉讼程序以及强制执行程序不能适用调解原则。

知识链接

《最高人民法院关于人民法院民事调解工作若干问题的规定》第十条：

调解协议具有下列情形之一的，人民法院不予确认：

（一）侵害国家利益、社会公共利益的；

（二）侵害案外人利益的；

（三）违背当事人真实意思的；

（四）违反法律、行政法规禁止性规定的。

42. 法院调解应当遵循哪些原则?

法院调解的原则,是指人民法院在进行调解时应遵循的行为准则。根据《中华人民共和国民事诉讼法》,法院应当遵循以下三项原则:

(1)当事人自愿原则

当事人自愿原则是指法院调解无论是调解活动的进行还是调解协议的形成都要建立在当事人自愿的基础上。该项原则的具体要求是:第一,在程序上,是否以调解的方式解决纠纷,须当事人自愿;第二,在实体上,是否达成调解协议,须尊重当事人的意愿。

(2)查明事实、分清是非的原则

查明事实、分清是非的原则是指法院调解应当在事实已经基本清楚、当事人之间的权利义务关系已经基本明了的基础上进行。该项原则的具体要求是:人民法院进行调解活动,必须在查明案件基本事实,分清当事人是非责任的基础上进行。

(3)合法原则

合法原则是指法院调解在程序上要遵循法律程序,形成的调解协议不可违反国家的法律规定的原则。该项原则的具体要求是:第一,人民法院进行调解活动,程序上要合法。当事人不愿进行调解或不愿继续进行调解的,不应强迫当事人进行调解;调解未成的,不应久调不决,而应及时判决;等等。第二,人民法院进行调解,调解协议内容应当不违反国家的法律规定。依据法律的规定,调解应当是当事人自愿且应当合法。调解的合法是在调解的进行程序上要符合法律规定,以及在调解协议内容上不违反法律的规定。调解协议的合法是指调解协议的内容不违反法律,而不要求调解协议的内容要完全符合法律。

知识链接

为了贯彻“自愿、合法”的原则，法院调解必须要“公开”“对席”地进行。当事人申请不公开进行调解的，法院应当准许。法院进行调解时，当事人双方应同时在场，根据需要也可以对当事人分别做调解工作。调解方案可以由当事人自行提出，也可以由支持调解的人员提出，供当事人协商时参考。

43. 法院调解与诉讼外调解的区别有哪些？

行政调解、仲裁调解和人民委员会的调解，属于诉讼外的调解。与诉讼外的调解相比较，法院调解有以下特点：

(1)法院调解发生在诉讼过程中。当事人在此过程人所进行的行为，属诉讼行为，对当事人产生诉讼上的约束力。诉讼外调解发生在诉讼之外，当事人的行为无诉讼上的意义。

(2)法院调解是在人民法院的审判人员的主持下进行的。人民法院进行该活动，依据的是其审判职权，所进行的活动属于审判活动，具有审判上的意义，具有司法的性质。诉讼外调解的主持者是人民调解委员会的委员、行政机关的官员、仲裁机构的仲裁员，所进行的活动不具有审判性，不具有司法的性质。

(3)法院调解要遵循一定的法律原则和程序。在我国，根据《中华人民共和国民事诉讼法》的规定，法院调解要遵循当事人自愿和合法的原则，应当在事实清楚、责任分明的基础上进行，法院组织调解还需要有一定的程序。诉讼外调解虽然也要求要当事人自愿和合法，但这对它们而言不是法律规定的原则，在查清事实和分清责任的问题上也不像法院调解那样严格,在程序上,诉讼外调解也不如法院调解规范。

(4)法院调解如果成功,其所形成的调解协议或调解书生效后与生效的判决书具有同等的法律效力。法院调解当事人达成协议并签收了送达的调解书的,诉讼结束;具有给付内容的调解书具有执行力。诉讼外调解,除仲裁机构制作的调解书对当事人有拘束力外,其他机构主持下达成调解协议而形成的调解书,均无拘束力,而只有一定的见证力,当事人反悔的,可以就该争议问题向人民法院起诉。

知识链接

《中华人民共和国民事诉讼法》第九十五条:

人民法院进行调解,可以邀请有关单位和个人协助。被邀请的单位和个人,应当协助人民法院进行调解。

《最高人民法院关于人民法院民事调解工作若干问题的规定》第一条:

根据民事诉讼法第九十五条的规定,人民法院可以邀请与当事人有特定关系或者与案件有一定联系的企业事业单位、社会团体或者其他组织,和具有专门知识、特定社会经验、与当事人有特定关系并有利于促成调解的个人协助调解工作。

经各方当事人同意,人民法院可以委托前款规定的单位或者个人对案件进行调解,达成调解协议后,人民法院应当依法予以确认。

44. 法院调解与诉讼和解的区别有哪些?

诉讼和解是指当事人在诉讼过程中通过自行协商,就案件争议问题达成协议,并共同向法院陈述协议的内容,要求结束诉讼从而终结诉讼

的制度。法院调解与诉讼和解相比较,有以下几点区别:

(1)性质不同

前者含有人民法院行使审判权的性质,后者则是当事人在诉讼中对自己诉讼权利和实体权利的处分。

(2)参加的主体不同

前者有人民法院和双方当事人共同参加,后者只有双方当事人自己参加。

(3)效力不同

根据法院调解达成协议制作的调解书生效后,诉讼归于终结,有给付内容的调解书具有执行力;当事人在诉讼中和解的,则应由原告申请撤诉,经法院裁定准许后结束诉讼,和解协议不具有执行力。

知识链接

《最高人民法院关于人民法院民事调解工作若干问题的规定》第二条:

当事人在诉讼过程中自行达成和解协议的,人民法院可以根据当事人的申请依法确认和解协议制作调解书。双方当事人申请庭外和解的期间,不计入审限。

当事人在和解过程中申请人民法院对和解活动进行协调的,人民法院可以委派审判辅助人员或者邀请、委托有关单位和个人从事协调活动。

45. 法院调解的程序有哪些?

法院调解的程序包括调解的开始,调解的进行以及调解的结束。在法院调解的进行中,当事人必须在场,即必须采取面对面的形式进行调解。调解协议违背法院调解有关原则的，人民法院不予确认。

(1)调解的开始

对于有可能通过调解解决的民事案件，人民法院应当调解。但适用特别程序、督促程序、公示催告程序、破产还债程序的案件，婚姻关系、身份关系确认案件以及其他依案件性质不能进行调解的民事案件，人民法院不予调解。

根据《中华人民共和国民事诉讼法》的规定，法院调解在诉讼的各阶段、各审级中均可进行。具体来讲，法院在案件受理之后开庭之前可以进行调解，在庭审过程中可以进行调解，在二审中乃至在再审中也都可以进行调解。根据《最高人民法院关于人民法院民事调解工作若干问题的规定》，调解可以在答辩期满后裁判作出之前进行，在征得当事人各方同意后，法院可以在答辩期满前进行调解。庭审中的调解，通常情况下是在法庭辩论结束后进行。根据司法实践，调解可以当庭进行，也可以在休庭之后另定日期进行。调解的开始，一般由当事人提出申请，法院也可以依职权主动提出建议，在征得当事人同意后开始调解。

(2)调解的进行

法院的调解在审判人员的主持下进行。调解工作既可以由合议庭共同主持，也可以由合议庭中的一个审判员主持；调解可以在法庭上进行，也可以在当事人所在地进行。法院进行调解，可以邀请有关单位和个人协助。被邀请的单位和个人，应当协助人民法院进行调解。这里所说的有关单位和个人，主要是指当事人所在的单位或对案件事实有所了解的单位以及当事人的亲友，由他们来协助调解，有利于缓解诉讼的紧张气氛，解除当事人思想上的一些疑虑，促成调解协议的形成。

法院调解应当在当事人的参加下进行，原则上要采取面对面的形式。根据《最高人民法院关于人民法院民事调解工作若干问题的规定》，法院根据需要也可以对当事人分别做调解工作。调解的进行，当事人可以亲自参加，也可以委托诉讼代理人代为进行调解。无诉讼行为能力的当事人进行调解,应当有其法定代理人代为进行。

(3)调解的结束

调解因当事人拒绝继续调解或双方达成协议而结束。当事人拒绝继续调解而未达成调解协议的,人民法院应当对案件继续审理,并及时作出判决;调解达成协议的应要求双方当事人在调解协议上签字,并根据情况决定是否制作调解书。

知识链接

《最高人民法院关于人民法院民事调解工作若干问题的规定》第五条:

当事人申请不公开进行调解的,人民法院应当准许。

调解时当事人各方应当同时在场,根据需要也可以对当事人分别作调解工作。

《最高人民法院关于人民法院民事调解工作若干问题的规定》第六条:

当事人可以自行提出调解方案,主持调解的人员也可以提出调解方案供当事人协商时参考。

46. 法院调解的方式有哪些?

法院调解的方式可以根据案件的难易程度和不同情况进行不同的调解,包括诉前调解、立案调解、庭前调解、书信方式调解等。

(1)诉前调解

诉前调解是在诉讼活动开始前,人民法院利用近年来开展的“法院干警送法下基层”活动,同已建立的民调网络相结合,所进行的调解,将纠纷化解在基层,消化在初始状态。

(2)立案调解

立案调解是人民法院在立案时,及早介入,对案件进行调解,是对诉前调解的一种有效补充。

(3)庭前调解

庭前调解指在诉讼程序启动后,开庭审理之前,由法院组织纠纷当事人进行和解,并促使当事人达成合意从而解决纷争的诉讼活动。庭前调解是对适合调解的案件进行的先行处理程序,其显著特征是在法院的主持下对双方当事人进行调解,根据案情和实际情况达成调解协议或转入庭审程序,它能最大限度地促成和解,化解矛盾,提高诉讼效率。

(4)书信(网络、短信)方式调解

书信(网络、短信)方式调解是指当事人起诉后,人民法院以书信(网络、短信)往来调处纠纷的一种方式。

(5)社会化调解

人民法院在审理民事纠纷案件时,根据调解的需要,可以在党委、政府的领导下,建立与政府职能部门、村委会、村民小组、街道、社区、工青妇等人民团体、人民调解委员会相配合的民调网络,利用巡回办案、干警下基层的第一手信息做依托,召开调解会调处纠纷。

(6)开庭调解

开庭调解是指在开庭审理时,对当事人进行调解,是开庭审理的组成部分。在法庭审理中,调解是贯彻始终的。不仅在调查、辩论阶段可以进行调解,在辩论终结以后,仍可再行调解。开庭调解,达成协议的可能性比较大。

(7)送达调解

送达调解是人民法院在向当事人送达法律文书时,充分利用与当事人接触见面的时机,对当事人进行的调解。

知识链接

《中华人民共和国民事诉讼法》第九十三条：

人民法院审理民事案件，根据当事人自愿的原则，在事实清楚的基础上，分清是非，进行调解。

《中华人民共和国民事诉讼法》第九十四条：

人民法院进行调解，可以由审判员一人主持，也可以由合议庭主持，并尽可能就地进行。

人民法院进行调解，可以用简便方式通知当事人、证人到庭。

《中华人民共和国民事诉讼法》第一百四十二条：

法庭辩论终结，应当依法作出判决。判决前能够调解的，还可以进行调解，调解不成的，应当及时判决。

47. 民事调解书的内容有哪些？

调解书是由人民法院制作的、以调解协议为主要内容的法律文书。根据《中华人民共和国民事诉讼法》，当调解达成协议时，人民法院应当制作调解书。调解书应当写明诉讼请求、案件的事实和调解结果。调解书由审判人员、书记员署名，加盖人民法院印章，送达双方当事人。

调解书的具体内容主要包括：首部——包括制作调解书的人民法院的名称、案件的编号、当事人及其诉讼代理人的基本情况、案由等；主文——包括案件的事实和调解的结果，该部分为调解书的核心部分，要求写得具体、明确，尤其是调解的结果部分，以避免当事人在履行调解书时发生争议；尾部——包括案件审判人员、书记员的签名、调解书的制作时间和人民法院的印章。

知识链接

调解协议通常是在调解方案的基础上形成的。调解方案原则上应当由当事人自己提出,双方当事人都可以提出调解方案。主持调解的人员也可以提出调解方案供当事人协商时参考,双方当事人经过调解,达成调解协议,法院应当将调解协议做记录,并由当事人或经授权的代理人签名。

根据《中华人民共和国民事诉讼法》第九十八条规定,下列案件调解达成协议,人民法院可以不制作调解书:①调解和好的离婚案件;②调解维持收养关系的案件;③能够即时履行的案件;④其他不需要制作调解书的案件。对不需要制作调解书的协议,应当记入笔录,由双方当事人、审判人员、书记员签名或者盖章后,即具有法律效力。

48. 民事调解书生效的时间是什么时候?

双方当事人达成调解协议的,对于不需要制作调解书的案件而言,双方当事人、审判人员、书记员在调解协议上签名或盖章后,调解即具有法律效力。原则上,调解书应自双方当事人签收调解书后才发生法律效力。在调解书送达之前当事人一方或双方反悔的或调解书送达时当事人拒绝签收的(调解书不适用留置送达),调解不成立,法院应对案件继续进行审理。

根据《最高人民法院关于人民法院民事调解工作若干问题的规定》,当事人各方同意在调解协议上签名或盖章后生效,经法院审查确认后,应当记入笔录或者将协议附卷,并由当事人、审判人员、书记员签名或盖章后即具有法律效力。当事人请求制作调解书的,人民法院应当制作调解书送交当事人。当事人拒收调解书的,不影响调解书的效力。

知识链接

《最高人民法院关于人民法院民事调解工作若干问题的规定》第十四条:

当事人就部分诉讼请求达成调解协议的,人民法院可以就此先行确认并制作调解书。

当事人就主要诉讼请求达成调解协议,请求人民法院对未达成协议的诉讼请求提出处理意见并表示接受该处理结果的,人民法院的处理意见是调解协议的一部分内容,制作调解书的记入调解书。

49. 民事调解书的效力有哪些?

调解的效力,是指人民法院主持调解成功,双方当事人达成调解协议,并依法定程序接受调解协议所产生的法律后果。

调解协议或调解书生效后,与生效判决具有同等的法律效力,具体表现在以下几个方面:

(1)诉讼结束,当事人不得以同一事实和理由再行起诉;

(2)一审的调解协议或调解书发生效力后,当事人不得上诉;

(3)当事人在诉讼中争议的法律关系中的争议归于消灭,当事人之间实体上的权利义务关系依调解协议的内容予以确定;

(4)具有给付内容的调解书,具有强制执行力。当负有履行调解书义务的一方当事人未按调解书履行义务时,权利人可以根据调解书向人民法院申请强制执行。

知识链接

《中华人民共和国民事诉讼法》第九十七条：

调解达成协议，人民法院应当制作调解书。调解书应当写明诉讼请求、案件的事实和调解结果。

调解书由审判人员、书记员署名，加盖人民法院印章，送达双方当事人。

调解书经双方当事人签收后，即具有法律效力。

50. 法院调解后对方没履行，多久才可以强制执行？

法院调解后对方在调解书上规定的期限内没履行的，就可以申请强制执行，申请执行的期限为二年。

调解书和其他应当由人民法院执行的法律文书，当事人必须履行。

一方拒绝履行的，对方当事人可以向人民法院申请执行。

知识链接

《中华人民共和国民事诉讼法》第二百三十六条：

发生法律效力的民事判决、裁定，当事人必须履行。一方拒绝履行的，对方当事人可以向人民法院申请执行，也可以由审判员移送执行员执行。调解书和其他应当由人民法院执行的法律文书，当事人必须履行。一方拒绝履行的，对方当事人可以向人民法院申请执行。

51. 什么是仲裁?

仲裁是指由双方当事人协议将争议提交(具有公认地位的)第三者,由该第三者对争议的是非曲直进行评判并作出裁决的一种解决争议的方法。仲裁异于诉讼和审判,仲裁需要双方自愿,也异于强制调解,是一种特殊调解,是自愿型公断,区别于诉讼等强制型公断。

仲裁一般是当事人根据他们之间订立的仲裁协议,自愿将其争议提交由非司法机构的仲裁员组成的仲裁庭进行裁判,并受该裁判约束的一种制度。仲裁活动和法院的审判活动一样,关乎当事人的实体权益,是解决民事争议的方式之一。

知识链接

仲裁机构和法院不同。法院行使国家所赋予的审判权,向法院起诉不需要双方当事人在诉讼前达成协议,只要一方当事人向有审判管辖权的法院起诉,经法院受理后,另一方必须应诉。仲裁机构通常是民间团体的性质,其受理案件的管辖权来自双方协议,没有协议就无权受理。

52. 仲裁机构可以处理哪些纠纷?

根据《中华人民共和国仲裁法》的规定,平等主体的公民、法人和其他组织之间发生的合同纠纷和其他财产权益纠纷,可以仲裁。合同纠纷,指受《中华人民共和国民法典》规范的所有有名合同和无名合同。“其他财产权益纠纷”指平等主体之间的不与身份关系密切联系的具有财产权益性质的非合同纠纷,主要指侵权纠纷。

另外,只要不属于《中华人民共和国仲裁法》之中明确不能仲裁的民事纠纷,都是可以进行调解的。

根据《中华人民共和国仲裁法》的规定,下列纠纷不能仲裁:关于婚姻、收养、监护、扶养、继承纠纷(属于人身关系纠纷);依法应当由行政机关处理的行政争议(属于纵向关系纠纷);劳动争议的仲裁(适用劳动争议仲裁程序);农业集体经济组织内部的农业承包合同纠纷的仲裁(适用专门的农村土地承包经营纠纷调解仲裁程序)。

知识链接

《中华人民共和国仲裁法》第四条:

当事人采用仲裁方式解决纠纷,应当双方自愿,达成仲裁协议。没有仲裁协议,一方申请仲裁的,仲裁委员会不予受理。

《中华人民共和国仲裁法》第五条:

当事人达成仲裁协议,一方向人民法院起诉的,人民法院不予受理,但仲裁协议无效的除外。

53. 仲裁的程序有哪些?

仲裁的程序主要包括以下方面:

(1)受理

仲裁程序是以当事人向仲裁机构申请仲裁为起始。仲裁委员会收到当事人提交的仲裁申请书后,认为符合受理条件的,在收到仲裁申请书之日起五日内向申请人发出受理通知书,同时向被申请人发出仲裁通知书及附件。双方当事人在收到受理通知书或仲裁通知书后,应当做好以下几项工作：

申请人须在规定的期限内预交仲裁费用，否则将视为申请人撤回仲裁申请；被申请人可在仲裁通知书规定的期限内向仲裁委员会提交书面答辩书；分别做好证据材料的核对及整理工作，必要时可提交补充证据；及时提交仲裁员选定书、法定代表人证明书、详细写明委托权限的授权委托书等有关材料；在被申请人下落不明的情况下，申请人应主动查找其下落，并向仲裁委员会提交被申请人的确切住所，否则将影响仲裁程序进行；被申请人若要提出仲裁反请求，则必须在仲裁规则规定的期限内提出。

此外，双方当事人均有权向仲裁委员会申请财产保全和证据保全，有权委托律师和其他代理人进行仲裁活动。

（2）组庭

双方当事人应当在规定的期限内约定仲裁庭的组成方式和选定仲裁员。若当事人在规定的期限内未能约定仲裁庭的组成方式或者选定仲裁员的，则由仲裁委员会主任指定。仲裁庭组成后，仲裁委员会向双方当事人发出组庭通知书。

当事人在收到组庭通知书后，对仲裁员的公正性有怀疑时，可以在首次开庭前提出回避申请，同时应当说明理由。若回避事由在首次开庭后知道的，可以在最后一次开庭终结前提出。因回避而重新选定或指定仲裁员后，当事人可以请求已进行的仲裁程序重新进行，是否准许，由仲裁庭决定。

（3）开庭审理

仲裁委员会应当在仲裁规则规定的期限内将开庭日期通知双方当事人。当事人在收到开庭通知书后，应当注意以下几个问题：

①当事人若确有困难，不能在所定的开庭日期到庭，则可以在仲裁规则规定的期限内向仲裁庭提出延期开庭请求，是否准许，由仲裁庭决定。申请人经书面通知，无正当理由不到庭或未经仲裁庭许可中途退庭

的,视为撤回仲裁申请。被申请人经书面通知,无正当理由不到庭或者未经仲裁庭许可中途退庭的,仲裁庭可以缺席裁决。

②在庭审过程中,当事人享有进行辩论和表述最后意见的权利。

③双方当事人应当严格遵守开庭纪律。

当事人申请仲裁后,有自行和解的权利。达成和解协议的,可以请求仲裁庭根据和解协议作出裁决书,也可撤回仲裁申请。在庭审过程中,若双方当事人自愿调解的,可在仲裁庭主持下先行调解。调解成功的,仲裁庭依据已达成的调解协议书制作调解书,当事人可以要求仲裁庭根据调解协议制作裁决书。

调解不成的,则由仲裁庭及时作出裁决。仲裁庭对专门性问题认为需要鉴定的,可以交由当事人共同约定的鉴定部门鉴定,也可以由仲裁庭指定的鉴定部门鉴定,鉴定费用由当事人预交。

(4)裁决

仲裁庭在将争议事实调查清楚、宣布闭庭后,应进行仲裁庭评议,并按照评议中的多数仲裁员的意见作出裁决。若仲裁庭不能形成多数意见时,则按照首席仲裁员的意见作出裁决。在裁决阶段,双方当事人享有以下几项权利:

①当事人有权根据实际情况,要求仲裁庭就事实已经清楚的部分先行裁决。

②在收到裁决书后的三十日内,当事人有权对裁决书中的文字、计算错误或者遗漏的事项申请仲裁庭补正。

双方当事人在收到裁决书后,应当自觉履行仲裁裁决。

知识链接

《中华人民共和国仲裁法》第三十四条:

仲裁员有下列情形之一的,必须回避,当事人也有权提出回避申请:

(一)是本案当事人或者当事人、代理人的近亲属;

(二)与本案有利害关系;

(三)与本案当事人、代理人有其他关系,可能影响公正仲裁的;

(四)私自会见当事人、代理人,或者接受当事人、代理人的请客送礼的。

54. 仲裁协议的内容有哪些?

(1)请求仲裁的意思表示

请求仲裁的意思表示是仲裁协议的首要内容,因为当事人以仲裁方式解决纠纷的意愿正是通过仲裁协议中请求仲裁的意思表示体现出来的。对仲裁协议中意思表示的具体要求是明确、肯定。因此,当事人应在仲裁协议中明确地肯定将争议提交仲裁解决的意思表示。

(2)仲裁事项

仲裁事项即当事人提交仲裁的具体争议事项。在仲裁实践中,当事人只有把订立于仲裁协议中的争议事项提交仲裁,仲裁机构才能受理。同时,仲裁事项也是仲裁庭审理和裁决纠纷的范围。即仲裁庭只能在仲裁协议确定的仲裁事项的范围内进行仲裁,超出这一范围进行仲裁,所作出的仲裁裁决,经一方当事人申请,法院可以不予执行或者撤销。

(3)选定的仲裁委员会

仲裁委员会是受理仲裁案件的机构。由于仲裁没有法定管辖的规定,因此,仲裁委员会是由当事人自主选定的。如果当事人在仲裁协议中不选定仲裁委员会,仲裁就无法进行。

知识链接

《中华人民共和国仲裁法》第二十三条:

仲裁申请书应当载明下列事项:

(一)当事人的姓名、性别、年龄、职业、工作单位和住所,法人或者其他组织的名称、住所和法定代表人或者主要负责人的姓名、职务;

(二)仲裁请求和所根据的事实、理由;

(三)证据和证据来源、证人姓名和住所。

55. 仲裁协议效力是什么?

有效的仲裁协议,总体上具有三个方面的法律效力:

(1)对当事人的法律效力

仲裁协议约定的特定争议发生后,当事人就该争议的起诉权受到限制,只能将争议提交仲裁解决,不得单方撤销协议而向法院起诉。当事人必须依仲裁协议所确定的仲裁范围、仲裁地点、仲裁机构等内容进行仲裁,不得随意更改。仲裁协议对当事人还产生基于前两项效力之上的附随义务,即:任何一方当事人不得随意解除、变更已发生法律效力的仲裁协议;当事人应履行仲裁委员会依法作出的裁决;等等。

(2)对仲裁机构的法律效力

有效的仲裁协议是仲裁机构行使管辖权,受理案件的唯一依据。没有仲裁协议的案件,即使一方当事人提出仲裁申请,仲裁机构也无权受理。仲裁协议对仲裁管辖权还有限制的效力,并对仲裁裁决的效力具有保证效力。当然,仲裁机构对仲裁协议的存在、效力及范围也有裁决权。

(3)对法院的法律效力

有效的仲裁协议排除了法院的管辖权。对仲裁机构基于有效仲裁协议作出的裁决,法院负有执行职责。这体现了法院对仲裁的支持。有效的仲裁协议是申请执行仲裁裁决时必须提供的文件。

知识链接

仲裁协议作为整个仲裁活动的前提和基本依据，有着如下法律特征：

(1)仲裁协议只能由具有利害关系的合同双方(或多方)当事人或其合格的代理人订立。否则，就不可能在有关合同发生争议时约束各方当事人。如果有关当事人在仲裁程序开始时提出证据，证明他不是仲裁条款或仲裁协议的当事人，或订立时没有权利能力或行为能力，那么仲裁协议无效，对双方均无法律约束力。

(2)仲裁协议是当事人申请仲裁、排除法院管辖的法律依据。仲裁协议一经签订，就成为仲裁委员会受理合同争议的凭据，同时在申请法院执行时，也以它作为撤销裁决或强制执行的依据。

(3)仲裁协议具有相对的独立性。如果是以仲裁条款的形式写入合同，那就是合同的重要组成部分，其他条款的无效不影响仲裁条款的效力。如果双方当事人签订了单独的仲裁协议，则可视为一个独立的合同。仲裁协议与它所指的合同本身，由不同的法律、法规调整，前者是程序性合同，后者是实体性合同，是两个不同的合同。

56. 仲裁调解应遵循的原则有哪些?

仲裁调解的应遵循的原则包括以下几个方面：

(1)要查明事实，分清是非

在办案中，仲裁委员会进行调解工作必须首先查明案件的事实情况，分清当事人之间的是非曲直。只有这样，才能明确当事人的责任，仲裁员才能抓住争议的关键，有针对性地宣传劳动法律、政策，做说服劝导工作,促使当事人互谅互让,达成调解协议,口服心服地解决争议。否则,就不能做好调解工作,无法使当事人真正达成协议,彻底解决他们之间的争议。

(2)必须双方当事人自愿

调解协议,是双方当事人互谅互让自愿协商的结果,是他们处分自己劳动实体权利和仲裁活动权利的一种法律行为。因此,达成调解协议时,必须双方当事人完全自愿,不能有任何勉强,更不得用强迫或变相强迫的方法压服当事人接受调解,达成协议。违反了当事人的自愿,往往达不成调解协议,得不到预期的效果;即使勉强达成了调解协议,也是不可靠的,当事人随时可能反悔,推翻达成的协议,引起新的争议。强调双方当事人自愿,并不是要仲裁员放弃做劳动法律和政策的宣传、说服劝导工作,而是要仲裁员通过讲解法律、宣传政策和耐心细致的思想工作,提高当事人的觉悟,促使当事人自愿通过协商解决争议。

(3)调解协议的内容必须合法

仲裁委员会进行劳动争议调解工作时,必须遵循以事实为根据、法律为准绳的原则,严格依法进行。在仲裁员主持下达成的调解协议,必须符合劳动法律、法规和政策的规定。即使是当事人完全自愿协商达成的协议,也要经过劳动争议仲裁委员会审查,符合劳动法律、法规和政策规定,损害了国家、集体或者一方当事人权利和合法权益的,劳动争议仲裁委员会则不予认可,同时要指出错误,讲清道理,提高当事人的思想认识和觉悟程度,然后引导他们继续协商,以求达成符合劳动法律、法规和政策的新的调解协议。

知识链接

在我国,调解是仲裁程序中的一个重要环节。调解程序只有在当事人自愿的基础上才能启动,不是仲裁程序中的必经阶段。仲裁庭在审理案件时会询问参加仲裁的当事人是否愿意进行调解,如果当事人同意,仲裁庭将主持调解;如果当事人不愿意调解,则仲裁庭不能启动调解程序,所以,仲裁程序中是否启动调解程序取决于当事人的自愿选择。

仲裁庭在案件审理过程中,会在查明事实、分清是非的基础上,根据公平合理的原则促使当事人互谅互让,达成调解协议;也可以根据双方当事人的要求以及调解协议出具裁决书或调解书。

57. 仲裁调解书的内容有哪些?

仲裁调解书是由仲裁机关制作的,记明了申诉人和被诉人自愿达成协议内容的一种法律文书。与仲裁裁决书具有同等的法律效力。应当写明:申诉人、被诉人的名称、地址、代表人或者代理人姓名、职务;纠纷的主要事实、责任;协议的内容和仲裁费用的承担;申诉人、被诉人签字,仲裁员、书记员署名,并加盖仲裁机关的印章。

调解书送达双方当事人签收,无翻悔即发生法律效力,双方当事人必须自动履行。一方逾期不履行,另一方当事人可向有管辖权的人民法院申请强制执行。

知识链接

《中华人民共和国仲裁法》第五十二条:

调解书应当写明仲裁请求和当事人协议的结果。调解书由仲裁员签名,加盖仲裁委员会印章,送达双方当事人。

调解书经双方当事人签收后,即发生法律效力。在调解书签收前当事人反悔的,仲裁庭应当及时作出裁决。

58. 仲裁调解书的法律效力表现在哪些方面？

仲裁调解书的法律效力表现在以下几个方面：

(1)使仲裁程序终结

调解书一经生效，仲裁程序即告结束，仲裁机构便不再对该案进行审理。这是调解书在程序上的法律后果。

(2)纠纷当事人的权利义务关系被确定

这是调解书在实体上的法律后果。

(3)当事人不得再行申请仲裁或起诉

调解书的生效表明当事人已接受仲裁机构的裁决结果，依一裁终局原则，当事人不得再以同一事实和理由重新申请仲裁或向法院起诉。

(4)任何机关或组织都要在重新处理该案方面受调解书约束

也就是说，对于仲裁机构出具了调解书的争议，任何机关或组织都不得再做处理。这也是一裁终局原则的要求。

(5)强制执行的依据

具有给付内容的调解书生效后，如果一方当事人不履行调解书所确定的义务，对方当事人有权根据调解书申请人民法院强制执行。

知识链接

仲裁调解书与仲裁裁决书的区别有以下方面：

(1)生效的时间不同

调解书自送达之日起具有法律效力。仲裁裁决书并不是送达后立即生效，而是当事人自收到裁决书之日起15日内不起诉的，裁决书即发生法律效力。

(2)提起诉讼的权利不同

当事人双方或其中一方不得就调解书的内容向人民法院起诉,而对裁决书,当事人对其不服或有异议,可在法定的期限内向人民法院起诉。

59. 达成仲裁和解协议后,可以作出哪些处理?

当事人申请仲裁后,可以自行和解。达成和解协议的,可以请求仲裁庭根据和解协议作出裁决书,也可以撤回仲裁申请。

(1)请求仲裁庭根据和解协议作出裁决书

该裁决书与仲裁庭对争议案件经过审理,行使仲裁权作出的裁决书具有同等的法律效力:

①对当事人之间的争议案件作出了终局的确定,对基于同一事实与理由的案件,当事人既不得再向仲裁委员会申请仲裁,也不得向人民法院提起诉讼;此外,对该具有法律效力的裁决书,非经法定撤销程序,任何机构都不得改变其内容。

②具有强制执行力,即如果义务人不履行该仲裁裁决书中所确定的实体义务,权利人可以该裁决书为依据向有管辖权的人民法院申请强制执行,从而实现自己的合法权益。

(2)撤回仲裁申请

在仲裁程序中,当事人经过自愿协商达成和解协议后,也可以不请求仲裁庭依据该和解协议作出裁决书,而撤回仲裁申请。当事人提出撤回仲裁申请后,只要仲裁庭对该申请经过审查,准许当事人撤回仲裁申请,这既意味着仲裁庭无须再对该争议案件进行审理并作出仲裁裁决;也意味着当事人在达成和解协议后,通过撤回仲裁申请的方式终结了仲裁程序。

知识链接

《中华人民共和国仲裁法》第四十九条：

当事人申请仲裁后，可以自行和解。达成和解协议的，可以请求仲裁庭根据和解协议作出裁决书，也可以撤回仲裁申请。

《中华人民共和国仲裁法》第五十条：

当事人达成和解协议，撤回仲裁申请后反悔的，可以根据仲裁协议申请仲裁。

第五章　常见邻里纠纷的调解

60. 房屋漏水纠纷应如何调解？

在查明漏水原因之后，再进行责任划分，事故原因并不能直接确定责任承担主体。首先应查明此管道的管理职责归谁；其次应查明漏水的原因，区分当事人的过错，从而确定责任主体。

(1)如果是人为原因造成的，行为人对损害结果的发生或扩大有故意或过错的，构成侵权，应承担侵权责任。

(2)开发商的责任。在保修期内，如果不是人为的原因造成的漏水，开发商要承担全部责任。根据《房屋建筑工程质量保修办法》第七条规定，在正常使用下，房屋建筑工程的最低保修期限为：①地基基础和主体结构工程，为设计文件规定的该工程的合理使用年限；②屋面防水工程、有防水要求的卫生间、房间和外墙面的防渗漏，为 5 年；③供热与供冷系统，为 2 个采暖期、供冷期；④电气系统、给排水管道、设备安装为 2 年；⑤装修工程为 2 年。其他项目的保修期限由建设单位和施工单位约定。

(3)公平责任。于已过保修期的房屋，各方当事人无过错(或无证据证明其过错)，如因防水层自然老化，此时维修费用根据实现情况，由当事人分担，一般为一人一半。

(4)物业的责任。漏水肯定不是物业造成的，但如果物业在这里面有疏于管理的情况，或是出现了问题后没有及时处理，导致损失扩大或出现了更严重的问题，那么物业要承担责任。前者比如管道堵塞，虽然不是物业干的,但根据物业管理合同和相关规定,物业公司应定期进行检查和清理,如果没做到,那就可以追究物业的责任;后者比如楼上违法装修,物业未制止,那么就可以找物业要求赔偿损失。

知识链接

房屋漏水造成损失的,应该由责任方负责赔偿。具体有以下费用:

(1)修复漏水所需要的修理费用;

(2)因漏水而造成的其他财产的损失。

对于财产损失金额,可以由双方协商确定,如果协商不成的,也可以通过委托第三方评估机构进行估价的方式来确定。

61.邻里噪音纠纷应如何调解?

噪音纠纷的种类大致可分为四类:一是建筑施工噪声。如建筑公司不分昼夜施工,搅拌机、打桩机等设备产生的强烈噪音,严重影响周围居民正常的生活和休息。二是生产经营性噪声。如与居民住宅楼相邻的饭店、歌舞厅、夜总会整夜发出各种噪音,使得周围居民不得入睡;工矿企业发出的噪音,使得周围养殖场内动植物减产或死亡。三是住宅装修噪音。如对装修材料的敲击、切割、打磨等噪声,以及对建筑结构改变过程中的敲击、钻孔等施工噪声。这些噪音对已入住的邻居是一种干扰。四是生活噪音。如在午睡或半夜的时候大声说话、开大功率的音响、行动时发出巨大声响等,影响邻居休息。

调解邻里噪音纠纷时应注意以下事项:

(1)噪音扰民纠纷严重地影响了居民的休息和生活,因而使噪音源不再发出噪音成为“受害者们”最为迫切的一个愿望。对于不同的噪音源应当采取不同的解决办法,如对于生产性噪音应该委托专业机构,采取科学的方法进行治理,如仍无法符合规定标准的,企业应该考虑迁址。对于生活性噪音应该从宣传精神文明着手,使得相邻各方的行为能兼顾对方正常的生活。对于临时性的施工噪音,应要求临时施工者严格按照法律规定的时间施工,并兼顾周围居民的正常生活。

(2)噪音纠纷大部分属于“民间纠纷”,如住宅装修噪音、生活噪音等。解决“民间纠纷”可以通过民间协商、调解的途径,本着相谅互让的精神进行解决。在通过居民委员会、街道司法所等民间调解机构解决不了时,可以寻求政府部门或司法机关解决。调解处理相邻噪音纠纷时,首先应按法律规定确定是非,对违法侵权行为予以纠正,在此基础上再进行调解,这样做既符合依法办事的原则,又合乎情理。

(3)很多相邻噪音纠纷的形成有其历史原因和社会经济原因,比如工厂区与居民区混合、居民区开饮食店等,在处理这类相邻噪音纠纷时,既要维护被侵害者的利益,也要尊重历史。因为一味地要求立刻停止噪音源发出噪声,有时候是不现实的。而通过逐步治理和经济补偿相结合的方法,有利于平衡各方的利益。

知识链接

《中华人民共和国环境噪声污染防治法》第四十三条:

新建营业性文化娱乐场所的边界噪声必须符合国家规定的环境噪声排放标准,不符合国家规定的环境噪声排放标准的,文化行政主管部门不得核发文化经营许可证,工商行政管理部门不得核发营业执照。

经营中的文化娱乐场所,其经营管理者必须采取有效措施,使其边界噪声不超过国家规定的环境噪声排放标准。

《中华人民共和国环境噪声污染防治法》第四十四条:

禁止在商业经营活动中使用高声广播喇叭或者采用其他发出高噪声的方法招揽顾客。

在商业经营活动中使用空调器、冷却塔等可能产生环境噪声的设备、设施的,其经营管理者应当采取措施,使其边界噪声不超过国家规定的环境噪声排放标准。

《中华人民共和国环境噪声污染防治法》第四十五条:

禁止任何单位、个人在城市市区噪声敏感建筑物集中区域内使用高音广播喇叭。

在城市市区街道、广场、公园等公共场所组织娱乐、集会等活动,使用音响器材可能产生干扰周围生活环境的过大音量的,必须遵守当地公安机关的规定。

《中华人民共和国环境噪声污染防治法》第四十六条:

使用家用电器、乐器或者进行其他家庭内娱乐活动时,应当控制音量或者采取其他有效措施,避免对周围居民造成环境噪声污染。

《中华人民共和国环境噪声污染防治法》第四十七条:

在已竣工交付使用的住宅楼进行室内装修活动,应当限制作业时间,并采取其他有效措施,以减轻、避免对周围居民造成环境噪声污染。

62. 宠物扰邻、伤害纠纷应如何调解?

随着人们生活水平的改善,越来越多的居民开始饲养宠物。但是,由于居住条件的限制,因宠物饲养而引发的扰邻、伤害纠纷近年来也呈增长态势,影响了邻里和睦与社区和谐。就法律层面而言,饲养宠物本身是个人的一项自由权利,但是如果饲养宠物干扰了他人的正常生活,损害了他人的生活安宁,就构成一种侵权行为。如果饲养的宠物对他人的人身安全构成威胁,则构成一种比较特殊的侵权行为即危险行为,受威胁的人有权要求饲养人采取措施排除危险。

调解邻里噪音纠纷时应注意以下事项：

(1)在宠物扰邻纠纷中,被扰人往往会直接要求饲养人不得饲养宠物,饲养人一般对这类要求难以接受,这就导致矛盾尖锐化。因而在调解处理这类纠纷时应注意,这类纠纷的真正起因是被扰人的生活安宁受到了侵扰,所以调解员应从如何有效地排除宠物侵扰作为调解目标,并以这一目标设想多种解决纠纷的办法和途径,比如设置防护设施、控制放养时间等。

(2)为了更规范地管理宠物饲养行为,《中华人民共和国动物防疫法》第三十条第二款规定:“携带犬只出户的,应当按照规定佩戴犬牌并采取系犬绳等措施,防止犬只伤人、疫病传播。”因而在调解处理这类纠纷时,可用这些规定教育当事人,让其明白只有严格地遵守这些规定,宠物饲养的负面效应才会在总体上降至最低,从而改变并规范其饲养宠物的行为。

(3)宠物饲养人往往对宠物怀有较深的感情,有的还投入了较多的物质花费,所以当必须要求其停止饲养行为时,一方面应做好饲养人的思想工作,使饲养人认识到其行为在法律上已构成侵权并应承担相应的法律后果,切实体谅被扰人的现实困扰,以获得长久的生活安宁,从而达到双方利益的平衡。

知识链接

《中华人民共和国治安管理处罚法》第七十五条对宠物扰民做了如下规定:“饲养动物,干扰他人正常生活的,处警告;警告后不改正的,或者放任动物恐吓他人的,处200元以上500元以下罚款。”

63.邻里土地通行纠纷应如何调解?

每个公民都有在公共道路上通行的权利,任何人不得为了自己的利益侵占公共道路以至侵犯他人的通行权。不但如此,公民在生活和生产经营过程中如果没有公共道路可供出行的,必须要从邻人的土地上通行的,邻地所有人或使用人依法负有容忍的义务,应当提供必要的便利,在必要时还要允许通行人在其土地上开辟道路。但享有邻地通行权的一方,相应也应选择对邻人损害最小的线路通行的,并对邻人因此所受的损失给予适当补偿,而且如果有其他替代线路和方法可以通行的,不得强行要求邻人提供便利。

在涉及需要使用邻地通行的场合,双方还应当充分尊重历史习惯,对于历史中形成的必经通道,不论是否位于一方所有或使用的土地、房屋内,均不得以占用自己房地面积,影响自己使用为由擅自改变现状,对道路加以拆改、阻断,影响他人通行。

知识链接

在农村一些离婚、继承案件中,存在对共有的土地、房屋进行分割的状况,还有某些土地房屋因为局部买卖、租赁、转包、转让等原因,也导致原为一整体的房地分割为归属不同权利人的状况。分割后的土地和房屋往往会因为权利人变更或长期无人使用等原因,导致原有通行道路受到影响,甚至完全被阻隔。在这种情况下,被阻隔的不动产权利人如果想要恢复通行,原则上仍应向原有通行道路所在的土地、房屋的权利人主张通行权,而不能再另行向周边其他相邻者主张通行权。

64. 邻地利用纠纷应该如何调解？

通常所称的邻地利用纠纷，是指除了因通行、取水、排水用途之外需要利用相邻土地和建筑物而引发的纠纷，主要包括因为修建、翻建房屋，挖掘沟渠，建设农田水利设施，架设电线，铺设管道等原因而临时使用相邻土地或建筑物的各种情况。按照相邻关系的法律规定，当因为上述原因而确需使用相邻不动产时，相邻不动产权利人应当提供便利。

"必须"利用邻地，一般应指除了利用相邻的土地或建筑物就无法进行相应建设，或者虽然可以进行相应建设，但是成本过高或存在危险（包括人身危险或环境、生态危险）。同时，获得了利用邻地便利的人，要按照双方约定的范围、用途和期限使用邻地；没有约定的，也要按照生活常理合理、善意、有节制地使用邻地，尽量避免给提供便利者造成不便和损害，对给邻居带来的不便应当进行合理补偿，如果造成了损害，还要依法承担排除妨碍、恢复原状、赔偿损失等法律责任。

知识链接

在农村地区，除了常见的因为房屋、设施、管线建设施工需要利用邻地的情况之外，还可能发生各种因为寻找取回自己的动植物农产品而需要临时进入、使用邻地的情况。例如，邻居饲养的家禽、家畜因为篱笆损坏而进入自己的耕地、林地、院落时，应允许邻居进入自己的土地取回这些财产。

65. 邻里用水纠纷应如何调解?

在农村需要调解的用水纠纷大致包括以下三种:

(1)公共水源的使用而产生的用水纠纷

公共水源大多是指地面的天然水流和农业灌渠内的地表水,此外还包括湖泊、水库等水面内的地表水。我国法律规定,天然地表水流资源,也就是天然江河中的水流归国家所有,而湖泊等水面的水资源归国家所有,但可以由集体或者个人承包使用。对于公共水源,邻水各方均有权在不影响他人正常用水的前提下自由使用,任何一方不得垄断对水的使用。在水量有限时,应当遵照自然规律和历史习惯进行合理分配。

所谓遵照自然规律,是指应当尊重水流的自然流向,任何一方都不得为自身利益而改变水路或截阻水流,在放水灌溉时,一般应按照"自近到远,由高至低"的原则依次使用。所谓遵照历史习惯,是指一方因客观原因导致用水量增加时不能擅自改变原来达成的用水分配习惯,而给他人正常用水造成妨碍,如果擅自堵截或独占自然流水影响他人正常生产、生活的受损害方有权请求排除妨碍、赔偿损失。

(2)使用他人的水源和水利设施而产生的用水纠纷

在自己承包的耕地、林地和宅基地院落内出现的天然泉水和人工钻凿的井水,应属于个人所有。如果相邻的不动产权利人因为生产、生活用水困难,需要使用邻地的水源取水时,应当满足两个条件:首先,邻地的水源在满足自用的前提下有富余,这时缺水方才有权请求相邻方给予余水;其次,获得余水一方应当对给水方进行适当补偿。此外,使用他人的水源还包括合理使用他人的水利设施的情况。例如,农村田间灌溉所用的机井、水井电站,如果家家都重复建设会造成巨大的浪费,这就要求在农忙季节,应当允许一方在支付合理补偿的情况下使用邻近田地的机井等设施进行抽水灌溉。同样,个人承包地内的水渠也有为他人提供用水便利的义务,对于自己承包地内历史上形成的河道、灌渠等水流通道,不能擅自堵截、侵占,如果因此而影响他人正常用水的,受损害方有权请求排除妨碍、赔偿损失。

(3)水源保护而产生的用水纠纷

为了保护珍贵的水资源,任何人因为工程建设等原因造成邻近的地表水源或水井的水污染、减少、断绝等情况出现的,均应当承担排除妨碍、赔偿损失等法律责任。此外,水源保护还包括对于共用的引水、蓄水设施的保护。一方面,任何人不得无故阻挠共用水利设施的建设,并应提供相应便利;任何人不得损毁水利设施,否则要承担相应的法律责任。另一方面,水利设施的相关用水受益方均负有对水利设施进行疏通、养护、维修并分担相应费用的义务。

知识链接

《中华人民共和国民法典》第二百九十条:

不动产权利人应当为相邻权利人用水、排水提供必要的便利。

对自然流水的利用,应当在不动产的相邻权利人之间合理分配。对自然流水的排放,应当尊重自然流向。

66. 邻里排水纠纷应如何调解?

此类纠纷包括相邻自然排水和人工排水两类纠纷。

所谓自然排水纠纷,是指地势高处的不动产权利人有向地势低处排放自然流水的权利,低地的不动产权利人有义务承接来自高处的自然流水。但低地农户的义务只是一种不作为义务,这种不作为义务表现在:

低地农户对于流经自己土地的自然流水必须尊重自然状况和历史现实，不得主动设置堤坝加以堵截，否则高地的相邻方有权要求其排除妨碍并赔偿损失；但如果高地的水流在流至低地时因自然原因而受到阻塞，低地的农户就没有义务去主动疏通河道。这时要由高地的农户自己进行必要的疏通，低地农户如果因此受益的，可按其受益程度负担相应的费用。

所谓人工排水纠纷，是指一方在将其不动产范围内的自然降水、生产生活废水排放到公共水道时，在必要的情况下，可以使水流经相邻方的不动产，相邻方应当允许。但排水方应采取必要的保护措施，排水方可以采取其他合理措施排水而未采取，给相邻方造成损害的，还应当承担停止侵害、消除危险、恢复原状、赔偿损失的法律责任。不动产权利人在进行人工排水时，应尽量避免使用相邻方的不动产，确需使用时，要将对相邻方的影响降至最低程度。对于自然降水，相邻一方不得通过屋檐或其他设施，使自己不动产范围内的雨水流注到另一方范围内，建造房屋时应尽量避免房檐滴水造成对相邻方的损害，如果必须通过邻居的院落、磉基或房顶排水的，应当采取修建散水、天沟等方法尽量减轻对邻居的妨碍并进行适当补偿。如果给邻居造成损害的，还应当赔偿损失。

知识链接

农村中住宅的滴水、散水都应该修建在自己的宅基地范围内。如果建房审批表或建房许可证中载明建房时可以留出若干距离的滴水、散水，那也是指在自己的宅基地范围内留足若干距离的滴水、散水后再修建房屋。当然，在实践中如果住宅周围公共道路很宽阔，或者住宅周围是耕地、荒地，那么在不妨碍他人使用公共道路或耕地的情况下，也存在为了必要的排水便利而适当地向外修建住宅的滴水、散水的情况。如果此后因为人口密度增加、住房间距变小而发生散水纠纷，可以依据尊重历史习惯，即“先建优于后建”原则，以及公平原则，来解决相邻方的纠纷。

67. 邻里采光、通风纠纷应如何调解?

相邻各方在建造房屋或其他设施时,应与相邻的房屋和设施保持适当的距离或限制适当的高度,不得妨碍相邻方的房屋和其他设施的通风和采光。在农村生活中,除了因为新建、翻建房屋而影响相邻方通风、采光的情况比较常见之外,以下几种影响相邻方通风、采光的情况也时有发生:因树木遮挡他人门窗而影响采光、通风;因在邻居门窗附近修厕所、化粪池,设置畜栏或堆放垃圾,排放油烟等而影响他人通风;因房屋、大棚、树木遮挡阳光影响他人农作物生长。当一方对相邻方的通风及采光造成妨碍时,相邻方有权要求对方承担停止侵害、排除妨碍、赔偿损失的法律责任。

知识链接

《中华人民共和国民法典》第二百九十三条:

建造建筑物,不得违反国家有关工程建设标准,不得妨碍相邻建筑物的通风、采光和日照。

68. 邻里防险纠纷应如何调解?

此类纠纷包括在利用不动产过程中因在自己的土地上实施挖沟、水池、地窖、地基,建造或翻建房屋、安装设备等行为而影响到相邻建筑物的安全的纠纷。

相邻一方在其土地上营造建筑物或挖坑、挖沟等,应与相邻人建筑物保持一定距离,或采取必要的防险措施,以免危及相邻人的财产和人身安全。相邻地界上的道路、桥梁、水渠、界墙等共用设施,相邻关系人应共同使用、共同受益、共同养护。任何一方不得擅自改变其位置,或者据为己有,或者不承担养护义务。

知识链接

《中华人民共和国民法典》第二百九十五条:

不动产权利人挖掘土地、建造建筑物、铺设管线以及安装设备等,不得危及相邻不动产的安全。

《中华人民共和国民法典》第二百九十六条:

不动产权利人因用水、排水、通行、铺设管线等利用相邻不动产的,应当尽量避免对相邻的不动产权利人造成损害。

69. 邻里越界纠纷应如何调解?

此类纠纷是指因为建造和翻建的建筑物的高度、边界超越了界限而影响了相邻不动产权利人正常生活,或者种植的树木、农作物的枝条、根系超越界线,对相邻建筑或农作物造成影响和损害的纠纷。

(1)建筑越界纠纷的调解

农民在修建、翻建房屋时,不能影响到邻居的正常生活,更不能延伸到邻居的宅基地内。按照相邻关系的一般原则,一方在建筑房屋时,如果不是因为故意或重大过失而导致房屋越界,同时相邻方知道其越界而不及时提出异议的,相邻方事后不得要求对方拆除其越界房屋,但可以要求支付赔偿。

(2)树木越界纠纷的调解

在农村,相邻各方在种植树木等农作物时,应当与土地边界保持适当的距离,以防止树木根枝越界侵入相邻土地,影响相邻方的通风、采光和安全,或者根茎深入相邻土地,与相邻方的农作物争水、争肥,影响相邻农作物生长。如果由此影响到了相邻方的权益,要依法承担排除妨害、消除危险、赔偿损失的法律责任。法院在判决树木所有人承担责任的时候,也要根据案件的具体情况分别处理,如果能够通过修剪枝条消除妨碍和危险的,尽量不判决砍伐或移走树木;如果无法通过修剪枝条排除妨碍,也无法判决砍伐或移走树木的,可以根据树木目前的生长情况,结合土地的承包年限和树木的年龄,酌定树木所有人每年支付给相邻方补偿费,直至树木砍伐或移走为止。

知识链接

《中华人民共和国民法典》第二百九十一条:

不动产权利人对相邻权利人因通行等必须利用其土地的,应当提供必要的便利。

《中华人民共和国民法典》第二百九十二条:

不动产权利人因建造、修缮建筑物以及铺设电线、电缆、水管、暖气和燃气管线等必须利用相邻土地、建筑物的,该土地、建筑物的权利人应当提供必要的便利。

70. 邻里污染侵害纠纷应如何调解?

受农村的生产生活水平和生产方式所决定,我国农村的相邻污染侵害纠纷主要表现为因为排放生活废水、油烟、厕所、垃圾造成空气和水源污染,以及禽畜养殖业排放废水、废气而引发的纠纷。

相邻关系人在修建厕所、烘池、污水池、牲畜栏圈或堆放腐烂物、有毒物、放射性物质、易燃易爆物品、垃圾等时,应该与相邻人生活居住的场所保持一定的距离,或者采取必要的防护措施。对不履行上述环境保护和相邻关系义务的人,相邻人除有权请求排除妨害、赔偿损失外,对于情节严重、造成重大损失者,政府有关部门和司法机关可以依法予以行政处罚或刑事制裁。

知识链接

《中华人民共和国民法典》第二百九十四条:

不动产权利人不得违反国家规定弃置固体废物,排放大气污染物、水污染物、土壤污染物、噪声、光辐射、电磁辐射等有害物质。

71. 农村土地承包纠纷应如何调解?

农村土地承包,是指农村集体经济组织内部成员的土地家庭承包,以及通过招标、拍卖、公开协商等方式确定的荒山、荒沟、荒丘、荒滩等农村土地的承包。

(1)农村土地承包纠纷的主要情形

农村土地承包纠纷,是指因农村土地承包权归属和承包人依法取得农村土地承包权之后产生的合同、流转、侵权、继承等纠纷。

以纠纷的内容为标准,可以将农村土地承包纠纷分为以下类型:因订立、履行、变更,解除和终止农村土地承包合同发生的纠纷;因农村土地承包经营权转包、出租、互换、转让、入股等流转发生的纠纷;因收回、调整承包地发生的纠纷;因确认农村土地承包权发生的纠纷;因侵害农村土地承包权发生的纠纷;法律、法规规定的其他农村土地承包纠纷。

(2)调解农村土地承包权纠纷应当注意的事项

①要确保农村集体组织成员享有平等的承包权,不允许任何人享有特权。对集体组织成员资格的认定,一般以户籍地、经常居住状态和从事农业生产是否为某成员的基本生活经济来源三个因素决定。具有集体经济组织成员资格不仅可以平等地享有土地承包权,而且还有权平等地获得承包地被征地的补偿费用。

②要确保妇女和男子享有平等的土地承包权。承包中,应当保护妇女的合法权益,任何组织和个人不得剥夺、侵害妇女应当享有的土地承包权。承包期内,妇女结婚,在新居住地未取得承包地的,发包方不得收回其原承包地;妇女离婚或者丧偶,仍在原居住地生活或者不在原居住地生活但在新居住地未取得承包地的,发包方不得收回其原承包地。

③确保本村集体经济组织成员对集体土地享有优先承包权。土地承包优先权,是指农村土地发包或流转时,在同等条件下,本集体经济组织成员对农村土地享有优先承包权。承包优先权具有法定性、权利主体的特定性、权利的行使以同等条件为前提、为土地承包权利的从权利四个特征。

④特殊群体的集体经济组织成员资格认定及其承包地的调整。农村回迁户成员资格及土地承包权,外出读书、服兵役成员资格及土地承包权,外出务工农民成员资格及土地承包经营权,开除公职人员其户口迁入农村集体经济组织,是否重新分配承包耕地,由村民大会或农户代表会议讨论,并经参会2/3以上代表通过的,可以从集体机动地、依法收回承包耕地或新开垦的土地中调整,对调整后的土地使用权进行确权登记。也可采取土地流转的转包、出租等形式解决。户口转入农村时与集体经济组织有约定的,从其约定。

⑤服刑犯人的承包地处理。犯罪服刑被依法注销户口的农民,已经不属于当地集体经济组织的成员,他的承包地一般都应当收回。但是,

对服刑时间不长,一两年或几个月就将刑满释放的人,应当给予其生活出路,对于刑满释放后回家继续务农的,对他们的承包地可以不做调整,由其亲属耕种。

知识链接

《中华人民共和国农村土地承包经营纠纷调解仲裁法》第三至七条规定如下:

发生农村土地承包经营纠纷的,当事人可以自行和解,也可以请求村民委员会、乡(镇)人民政府等调解。

当事人和解、调解不成或者不愿和解、调解的,可以向农村土地承包仲裁委员会申请仲裁,也可以直接向人民法院起诉。

农村土地承包经营纠纷调解和仲裁,应当公开、公平、公正,便民高效,根据事实,符合法律,尊重社会公德。

县级以上人民政府应当加强对农村土地承包经营纠纷调解和仲裁工作的指导。县级以上人民政府农村土地承包管理部门及其他有关部门应当依照职责分工,支持有关调解组织和农村土地承包仲裁委员会依法开展工作。

村民委员会、乡(镇)人民政府应当加强农村土地承包经营纠纷的调解工作,帮助当事人达成协议解决纠纷。

72. 农村自留地、自留山纠纷应如何调解?

自留山,是指由农村集体经济组织按规定分给其成员使用和经营的小块山林。农民对在自留山上栽植林木,抚育改造和发展林副业产品有自主权,其林木和其他林副产品可以自用,也可以出售,但自留山的所有权仍归集体所有。自留地是由农村集体经济组织按规定分给其成员经营家庭副业以满足家庭生活和市场需求的土地。

(1)农村自留地、自留山纠纷的主要情形

自留地、自留山法律纠纷,是指农村集体经济组织的成员在经营、管理、使用自留地和自留山过程中发生的纠纷,主要有以下情形:自留地、自留山权属纠纷;自留地、自留山相邻纠纷;自留地、自留山流转纠纷;自留地、自留山侵权纠纷。

(2)调解自留地、自留山纠纷应当注意的事项

①所有权和使用权分离。自留地、自留山的所有权属于农民集体,农民个人只享有使用权。农民经营的自留地、自留山的收益,如种的庄稼、果木、药材等,则为农民个人所有。农民去世后,这些收益可以作为遗产由继承人继承。

②稳定不变。对已经划定的自留山,由农户长期无偿使用,允许继承。由于农村集体经济组织都是按家庭人口、劳动能力,以农户为单位分配的,所以我国农民使用的自留地、自留山一般不做过多调整,以保持其稳定性。家庭个别成员死亡,并不妨碍其他家庭成员对自留山、自留地的经营和使用。

③明确林木权属。自留山上的林木包括划定时的天然林和已栽植的人工林,除划分时对原有树木有协议的按协议执行外,没有协议的一律归农户个人所有,允许出售、转让。林木采伐均要有证,房前屋后除外。

④不能补划或重划。一个村组内若存在自留山面积不均、没有自留山等问题,原则上不予调整。对群众反映强烈的,要适当考虑给予适量多分承包山的办法予以解决。

⑤不能收回。20 世纪 80 年代划分自留山时,如果当时县(区)以上人民政府有规定,对 3 年以上不造林、不管护、不治理,经县级林业主管部门认定,已经由村集体依法收回的,确认有效。其余已经划定的自留

山,乡镇政府、村组集体经济组织一律不得收回。

⑥明确四至面积。一般自留山的面积比林权发证的面积大,原则上“面积服从四至”,按划分的边框四至重新确定面积。如果四至不清,各户又不能达成一致意见,可以将面积按比例平均分摊,现场勾划,测绳文量面积,明确四至,栽植交界树,逐块登记,绘制图纸。

⑦明晰零星树木权属。对自留山上原归集体所有的零星较大树木,当时有协议或规定的按原协议或规定执行,如没有协议或规定的,无偿划给自留山农户。

知识链接

自留地、自留山长期归农民使用,种植物归农民个人所有,以作为农民个人生活和收入的补充来源。在巩固和发展集体经济的同时,应当鼓励和扶持农民耕种自留地、自留山,增加个人收人,活跃农村经济。

自留地、自留山属于集体所有,其成员只有使用权,不得出租、转让或买卖,也不得擅自用于建房等非农业生产用途。自留地生产的产品归农民自己支配。自留地、自留山的经营权受国家政策保护,不得随意侵占。

73.农村宅基地纠纷应如何调解?

(1)农村宅基地纠纷的主要情形

农村宅基地纠纷具有很强的复杂性,有些适合人民调解委员会调解,有些不适合人民调解委员会调解。人民调解委员会调解的农村宅基地纠纷,是指公民与公民之间因宅基地使用权而发生的纠纷。主要有以下情形:公民与公民之间因宅基地使用权归属问题而产生的纠纷;宅基地共同使用人为各自的宅基地使用范围而产生的纠纷;因宅基地使用权转移而产生的纠纷;因宅基地的使用而侵犯了公共利益和他人合法权益而产生的纠纷。

(2)调解农村宅基地纠纷应当注意的事项

①正确把握农村宅基地纠纷的受理范围。对于农村宅基地纠纷,人民调解委员会主要调解公民与公民之间因宅基地使用权而发生的纠纷。凡当事人一方或双方为国家或集体的纠纷,当事人因违法乱纪而产生的纠纷,由于行政部门的行政措施而引起的纠纷以及管辖明确、并已经由有关部门受理的纠纷,人民调解委员会一般不宜再做单方调解,应该协助有关部门做好防止矛盾激发的工作。

②妥善处理宅基地使用权界限不明确的问题。调解委员会在调解宅基地使用权界限不明确的纠纷时,既要保护国家和集体的利益,又要照顾历史情况和群众的实际需要。凡是当地仍按土地改革时所确定的宅基地所有权改变为使用权的,该宅基地的使用权不变;凡是当地的宅基地已经统一规划过的,按规划后确定的宅基地使用权处理。未经统一规划的宅基地,如果经载明原因,四至明确的,应以四至为准;四至不明确的,可按照长期以来的实际使用情况,本着有利生产、方便生活的原则合情合理地解决。

③根据实际情况依法调解共同使用宅基地产生的纠纷。数人对同一块宅基地共同享有使用权,处分宅基地使用权时,应征得共同享有使用权的全体人的同意。一方未经全体共同使用人同意而擅自占用该宅基地,侵犯了其他共同使用人利益的,在调解时,应依法保护其他共有人的利益,说服擅自占用者,按照全体共同使用人协商一致的意见办理。如果占有建房,在建房时对方明知而未提出异议的,若不妨碍他人和公共利益,经调解,可以依法继续使用。对于因分家析产而产生的共同使用宅基地纠纷,在调解时,应根据家庭人口多少,按照当地规定的标准面积,帮助当事人协商解决,协商不成的,建议提请村委会或上级管理机关划定。

④注意协调好宅基地相邻各方的关系。相邻各方在其使用的宅基地上盖建或修建其他设施时，不得危害邻居的房屋或设施的安全，也不得侵害邻居的通风、采光、排水等相邻权。对于历史形成的通道、流水，宅基地使用权人不得擅自堵塞。若造成妨碍或损失的，应当停止侵害、排除妨碍，赔偿损失。

⑤关于村民违法、违规建房纠纷的调解。在调处宅基地纠纷时，发现私自建房、违章建房、乱占土地等违法行为，应当对当事人进行严肃的批评教育，促使其认识错误，依法办事。农村和集镇居民由于买卖房屋而转移宅基地使用权的，应依法申请，经批准后生效。出卖、出租房屋后再申请宅基地的，不予准许。收归集体组织统一使用的宅基地，经乡镇、村集体组织分配给新的用户，原使用人不得以宅基地是祖遗或自己购买为由再要求使用。

知识链接

《中华人民共和国土地管理法》第十六条规定：

土地所有权和使用权争议，由当事人协商解决；协商不成的，由人民政府处理。单位之间的争议，由县级以上人民政府处理；个人之间、个人与单位之间的争议，由乡级人民政府或县级以上人民政府处理。当事人对有关人民政府处理决定不服的，可以自接到处理决定通知之日起三十日内，向人民法院起诉。在土地所有权和使用权争议解决前，任何一方不得改变土地利用现状。

74. 农村征地拆迁纠纷应如何调解?

(1)农村征地拆迁纠纷的主要情形

农村征地拆迁纠纷,是指国家为了公共利益的需要,依照法律规定的权限和程序,征收农村集体所有的土地和单位、个人的房屋及其他不动产而发生的纠纷。

农村征地拆迁纠纷主要有以下情形:安置补偿资格认定纠纷;土地和房屋面积计算纠纷;土地、房屋交付与拆除纠纷;耕地补偿费纠纷和安置补偿费分配纠纷。

(2)调解农村征地拆迁纠纷应当注意的事项

①认定村民资格的依据

土地补偿费归农村集体经济组织所有,所以有权参与分配的也只能是集体经济组织成员。认定的依据一般应以户籍为原则,但户籍又不是唯一依据,需要综合考虑以下因素:一是以合法取得本村户籍为前提条件;二是以从事农业生产为主要生活来源;三是必须在本村有居所并与集体经济组织保持稳定的成员关系;四是为集体经济组织的财产积累和经济发展尽过一定义务。

②农村几类特殊主体收益分配权的认定

一是农村出嫁女。承包期内,妇女婚后在新居住地未取得承包地的,发包方不得收回其原承包地;妇女离婚或者丧偶,仍在原居住地生活或者不在原居住地生活但在新居住地未取得承包地的,发包方不得收回其原承包地。

二是外出当兵人员。农民去服兵役,从法律关系层次看,只是暂离开了原集体经济组织,但其性质仍然是原集体经济组织成员。因而凡是在部队服役的农业户口义务兵,享受同其余集体经济组织成员相同的权利,即享有征地补偿费的分配权。

三是户口外迁的在校大中专学生。因在大中专院校就读而将户口迁出,其父母仍以集体经济组织的基本生产资料为经济生活保障,为确保其安心学习并供给其所必要的生活费用,应当认定其具有分配资格。

四是新生儿。民事权利能力始于出生。对于新生儿,只要能够确认征地补偿费产生于新生儿出生之后,就应当认定新生儿的分配资格。

五是死亡人员。死亡人员由于丧失了民事主体资格,不能成为征地补偿费的分配对象。但有两种情况例外:其一,该人员的死亡时间是在已将其列为征地安置补偿对象后,死亡人员应该享有分得安置补偿款的权利,其所得收益由继承人继承;其二在土地被承包期间,承包人死亡的,如果属于承包人依法应当享有的关于承包土地使用、收益和土地承包经营权、流转权以及承包地依法被征收、占用后所获得相应补偿所产生的收益,承包人的继承人可以依法继承。

知识链接

征地行为,是指国家因为社会公共利益之需要,依据法律的规定对集体所有的土地实行征收或征用并给土地所有权人、使用权人以补偿的行为。征地行为既包括将原土地所有权收归国有的土地征收行为,也包括只改变使用权的土地征用行为。如果土地上没有房屋等建筑物,征地行为不包括房屋拆迁行为。

拆迁行为,又称房屋拆迁行为,是指为了社会公共利益的需要,国家依照法律对依附于土地上的房屋予以拆除,并给予房屋所有权人、使用权人以补偿的活动总称。拆迁行为依土地性质不同分为农村和城市房屋拆迁行为,本书主要指农村集体土地上的房屋拆迁行为,故又称农村房屋拆迁行为。

土地征收程序和房屋拆迁补偿安置程序一般合并进行。

75. 农村种植经营纠纷应如何调解？

（1）农村种植经营纠纷的主要情形

①种子经营引起的纠纷。种子经营中需要承担行政责任、违约责任和损害赔偿责任，而引起行政管理和民事赔偿纠纷。

②农药经营引起的纠纷。农药经营者违反农药质量与安全规定，生产、经营、销售农药，破坏生态环境，污染食品，或使人们身体健康受到损害的，需要承担行政责任、违约责任和损害赔偿责任，而引起行政管理和民事赔偿纠纷。

③农产品质量安全引起的纠纷。农产品生产经营者违反农产品质量安全规定，生产、经营、销售农产品，造成消费者身体健康受到损害，以及违反外来物种管理规定，引进物种，破坏生态环境，需要承担行政责任、违约责任和损害赔偿责任，而引起行政管理和民事赔偿纠纷。

（2）调解农村种植经营纠纷应当注意的事项

开展调解之前，要全面了解法律法规关于种植业的规定，如特许经营、种子经营与销售规定、农药生产与销售规定、农产品质量安全、外来物种的检疫等法律规定，对国家有关法律规定与要求要了然于心。

要围绕种植经营者主体资格、种植经营纠纷的发生、纠纷事实（如发生事故的时间、地点、损害行为、损失程度等情况）、纠纷解决情况等方面开展调查、核实，注意收集与种植经营纠纷有关的证件和证书、登记表、合同文本、政府文件、批复、现场勘验笔录、调查记录等能够证明合同关系、侵权行为事实的证据材料，分析种植经营者行政责任和民事责任，然后制订可行的调解方案。

对于情况复杂的种植经营纠纷，可以发挥“三调联动”机制的积极作用，广泛运用调解方法，妥善化解矛盾，使纠纷能得到多渠道解决。

发现当事人申请调解的事项涉嫌犯罪，超出了人民调解的受案范围的，应当终止调解，向申请人作出说明，支持受害人向公安部门报案。

知识链接

(1)假、劣种子认定标准

假种子：以非种子冒充种子或者以此品种种子冒充其他品种种子；种子种类、品种、产地和标签标注的信息不符。

劣种子：质量低于国家规定的用种标准；质量低于标签标注指标；因变质不能作为种子使用；杂草种子比率超过规定；带有国家规定检疫对象的有害生物。

(2)农药生产、经营、使用中的禁止情形

任何单位和个人不得生产、经营、进口或者使用无证（无农药登记证或者农药临时登记证，无农药生产许可证或者农药生产批准文件）农药以及国家明令禁止生产或者撤销登记的农药；禁止生产、经营和使用假农药与劣质农药；禁止经营无标签或者标签残缺不清的农药；未经登记的农药，禁止广告宣传；禁止销售农药残留量超过标准的农副产品。

76. 农村养殖经营纠纷应如何调解？

(1)农村养殖经营纠纷的主要情形

①承包经营畜禽、水产养殖引发的纠纷。其包括承包人与发包人之间的争议，以及承包人与养殖场地、水域周边的相邻关系处理不当引发的纠纷。

②污染引起的纠纷。其包括畜禽、水产养殖的粪便、污水造成污染引起的纠纷和畜禽养殖场地、水产养殖水域受到外来污染引发的纠纷。

③使用伪劣畜禽药物、鱼药与不合格饲料引发的纠纷。其包括使用伪劣畜禽药物、鱼药造成畜禽产品、水产品死亡和使用不合格饲料造成畜禽养殖、水产养殖减产引发的纠纷。

④因行政部门的原因引发的纠纷。其包括调整区域养殖布局、优化畜禽与水产养殖结构等而引发的补偿纠纷,畜牧业管理、渔政管理部门执行政策不利和管理不善引发的纠纷,养殖户因政府行为增加畜禽养殖引发的纠纷。

(2)调解农村养殖经营纠纷应当注意的事项

①开展调解之前,要全面了解法律法规关于畜牧业和渔业经营管理的规定,如种畜禽生产经营许可,兽药经营、水产养殖与捕捞经营许可,水产种苗经营与销售规定,饲料管理规定,环境保护、水污染防治等法律规定,对国家有关法律规定与要求了然于心。

②要围绕养殖经营者主体资格、养殖经营纠纷的发生、纠纷事实(如养殖场所和水域受污染的时间、最初地点、损害行为、损失程度等情况)、纠纷解决情况等方面开展调查、核实,注意收集与养殖经营纠纷有关的证件和证书、登记表、合同文本、政府文件、批复、现场勘验笔录、调查记录等能够证明合同关系、侵权行为事实的证据材料,分析养殖经营者的行政责任和民事责任,然后制订可行的调解方案。

③对于情况复杂的养殖经营纠纷,可以发挥“三调联动”机制的积极作用,广泛运用调解方法,妥善化解矛盾,使纠纷能得到多渠道解决。

④发现当事人申请调解的事项涉嫌犯罪,超出了人民调解的受案范围的,应当终止调解,向申请人作出说明,支持受害人向公安部门报案。

知识链接

(1)从事畜禽养殖的禁止行为

违反法律、行政法规和强制执行的技术规范的规定使用饲料、饲料添加剂、兽药;使用危害人和畜禽健康的其他药物或者有毒、有害物质;

使用未经高温处理的泔水饲喂畜禽;在垃圾场或者使用垃圾场中的物质饲养畜禽;将原料药直接添加到饲料及动物饮用水中或者直接饲喂动物;将人用药品用于动物;销售含有违禁药物或者兽药残留量超过标准的食用动物产品。

(2)水产养殖生产的要求

从事水产养殖生产,不得使用含有毒有害物质的饵料、饲料;应保护水域生态环境,科学确定养殖密度、合理投饵、施肥、使用药物,不得造成水域的环境污染;按照水产养殖用药使用说明书的要求,或在水生生物病害防治员的指导下科学用药;禁止使用假、劣兽药及农业部规定禁止使用的药品、其他化合物和生物制剂;原料药不得直接用于水产养殖。

77. 农民专业合作社内部管理纠纷应如何调解?

(1)农民专业合作社内部管理纠纷的主要情形

农民专业合作社作为一类新型的市场主体,涉及农户与非农户的关系,土地承包关系、内部管理关系、对外合同关系,以及政府对农产品质量安全的监管等关系,所牵涉的范围、人数等方面远远高于其他市场主体。由于运营方式、法律意识、利益诉求等方面的差异,成员之间在内部管理方面产生争执、纠纷不可避免。

农民专业合作社内部管理纠纷主要有以下情形:

①设立纠纷。主要是因出资、成员吸收、章程制定、开办资金筹集等发生的纠纷。

②成员身份纠纷。主要是成员资格确认纠纷,退社纠纷。

③内部交易纠纷。主要有成员与所在合作社之间的交易纠纷,成员与成员之间的交易纠纷。

④权利争议纠纷。主要是因控制权、表决权、选举权、罢免权、监督权、分配权等权利的行使引发的纠纷，管理人员滥用权力引发的纠纷。

⑤责任承担方面的纠纷。主要有擅自经营、擅自外卖外买的交易、不服从管理等涉及责任义务承担的事项引发的纠纷。

⑥利益分配与财产取回纠纷。主要有因分红不均引发的纠纷，因报酬福利引起的劳动纠纷；合作社终止、成员退社引起的财产取回分配纠纷。

⑦对外产生的纠纷。主要有与村委会、与相近的其他合作社之间因关系协调产生的纠纷，与成员家庭的其他成员以及利害关系人之间产生的纠纷。

（2）调解农民专业合作社内部管理纠纷应当注意的事项

①注意区分农民专业合作社成员与聘用人员。二者在平时的生产劳动中似乎没有多大区别，但是，他们进入合作社的条件、方式与权利义务等方面存在很大的差异。在权利义务上不能等同对待。

②注意区分合作社内部交易与对外交易。内部交易，是指成员与所在合作社以及成员与成员之间的交易。合作社以内部交易为主，这是一种独特现象。其他企业很少内部交易，公司禁止内部交易。对于内部交易纠纷，要按照合作社章程的规定处理；对于非成员的外部交易纠纷，按一般合同纠纷处理。

③注意合作社特殊的分红方式。合作社分红不以出资为依据，只要是成员就按交易量（额）分配，当场结算；年终分红时，所有成员平均分配。与公司、合伙企业等实体以出资为依据的分红办法存在很大差异。

④成员退社时取回入社资产，以及不涉及国家补助形成的固定资产。破产财产清偿时，成员享有优先取回权，即对于成员与合作社已经交易但未结清的款项优先清偿。非农民成员按一般债权处理。

⑤调解成员与成员之间、成员与合作社之间的纠纷时，要始终注意维护农民专业合作社的正常生产经营活动，尽力促使各方互让互谅，妥

善解决矛盾,避免因纠纷导致合作社瘫痪、解散、终止。

知识链接

农民专业合作社理事长、理事和管理人员不得实施的行为及责任,包括以下几点:

(1)侵占、挪用或者私分本社资产。

(2)违反章程规定或者未经成员大会同意,将本社资金借贷给他人或者以本社资产为他人提供担保。

(3)接受他人与本社交易的佣金并归为己有。

(4)从事损害本社经济利益的其他活动。

78. 农业生产经营活动中的合同纠纷应如何调解?

(1)农业生产经营活动中的合同纠纷的主要情形

合同纠纷,是指当事人之间由于合同履行、转让、变更、终止及违约责任追究等发生的纠纷。在农业生产经营活动中,常见的合同纠纷主要有以下情形:

①买卖合同纠纷。主要有农副产品买卖合同纠纷和工矿产品买卖合同纠纷中的农机买卖、农具买卖、农资买卖、牲口家禽买卖、日用工业品买卖合同纠纷等。

②民间借款合同纠纷。主要有利息纠纷、还款迟延纠纷、担保纠纷等。

③租赁合同纠纷。主要有农业机械、农业生产工具、牲口等动产租赁合同纠纷,以及住宅、经营门面、农村建设用地、养猪场、菜地、林地等不动产租赁合同纠纷。

④加工合同纠纷。主要有农副产品、服装、竹木家具加工合同纠纷。

⑤劳务合同纠纷。主要有生产、交换过程提供劳务发生的纠纷，如在农忙季节为农户收割、脱粒、耕田、插秧，为修建房屋的村民砌墙、挑土、运砖、盖瓦等，因酬金支付发生纠纷等。

⑥土地承包合同纠纷。主要有家庭联产承包合同纠纷、林地承包合同纠纷、荒地承包合同纠纷、滩涂承包合同纠纷等。

（2）调解农业生产经营活动中的合同纠纷应当注意的事项

①注意维护合同关系，不轻易认定合同无效，即使是口头合同，或者以约定俗成方式形成的合同关系，只要能够证实，都应当认定有效，促使各方诚信守约。

②调解农村买卖合同纠纷，要注意妥善处理鲜活产品。如果标的物是鲜活产品，或者具有季节性和很短的保质期，或者标的物保管难度很大，而存在灭失风险等，根据附随义务原则，各方均有责任避免损失进一步扩大。在各方暂时无法就整个纠纷达成调解协议的情况下，要果断提出处理鲜活产品的可行方案，避免损失扩大。

③对于违反法律或行政法规的民间借款合同，应按无效合同进行调解。

一是贷款人明知借款人是为了进行非法活动而借款，如明知借款用于生产、销售有毒有害食品，仍借款给不法行为人，等于是帮助违法犯罪行为，其借贷合同不受法律保护。

二是基于非法吸收公众存款、非法集资、非法放贷等非法金融活动，所订立的借款合同不受法律保护，犯罪涉及的财产由司法机关追回，返还给受害人。

三是借款合同约定年利率超过36%的部分，不受法律保护；年利率在24%～36%之间的部分，在纠纷发生时，已经履行的不能要求返还，未履行的不能要求强制履行；年利率不超过24%的部分，法律强制保护。

④调解租赁合同纠纷，应当注意三个方面：

一是调解因转租引起的合同纠纷,要查明原租赁合同是否明确约定允许承租人转租门面、农机或设施,要注意转租合同约定的承租人的权利与期限不得超过原租赁合同约定的承租人的权利与合同期限。

二是调解租赁物被损坏引起的合同纠纷,要根据使用情况和损坏的原因分析,明确责任。承租人按照约定的方法或者租赁物的性质使用租赁物,致使租赁物受到正常损耗的,不承担损害赔偿责任。如果承租人未按照约定的方法或者租赁物的性质使用租赁物,致使租赁物受到损失的,承租人应当承担违约责任,例如,承租人用耕地的拖拉机运送旅客获利,导致交通事故,承租人应当承担全部责任。

三是出租人出卖租赁物时,承租人在同等条件下享有优先购买权。

⑤加工合同履行中,承揽人未经定作人同意,不得将加工任务转让给第三人。除当事人另有约定的以外,承揽人应当以自己的设备、技术和劳力,完成主要工作。未经定作人同意,承揽人不得将其接受的主要工作交由第三人完成。经定作人同意,承揽人可将其接受的任务转让给他人,条件是:若该第三人的行为造成加工行为无法按合同完成时,承揽人仍需对定作人负责;承揽人转让加工任务时,不得获利。

⑥调解劳务合同纠纷,要准确区分劳动合同与劳务合同。

第一,劳动合同的当事人之间存在行政隶属关系,劳务合同的当事人之间地位平等,不存在行政隶属关系。

第二,劳动合同中,劳动者除获得工资报酬外,还有“五险一金”、带薪休假等福利待遇,劳务合同中受雇人一般只获得劳务报酬。

第三,劳动合同的用人单位必须为劳动者交纳“五险一金”,支付劳动者的工资不得低于政府规定的当地最低工资标准等,劳务合同的雇主没有以上义务。

第四,劳动合同纠纷适用《中华人民共和国劳动法》和《中华人民共和国劳动合同法》解决,劳动仲裁是前置程序,劳务合同纠纷依照《中华人民共和国民法典》解决,可以直接向法院提起诉讼。

⑦调解农村土地承包经营纠纷,要严格按照农村土地“三权分置”的政策进行,集体土地所有权不允许买卖,承包权的流转受身份的限制,经营权的流转则可以按规定的范围与方式进行。

知识链接

调解农业生产经营活动中产生的合同纠纷,首先,要分析合同的类型、效力;其次,要根据相关法律制度,判断纠纷当事人诉求的合法性与合理性。在此基础上制定调解方案,开展调解活动。

79. 人身损害赔偿纠纷应如何调解?

人身损害赔偿,是指自然人的生命、健康、身体遭受他人侵害,造成伤害、残疾、死亡或精神损害,要求行为人或者赔偿义务人以财产进行赔偿的一种侵权法律制度。

(1)人身损害赔偿纠纷的主要情形有以下几种:

①一般人身侵权损害赔偿纠纷。一般人身侵权损害赔偿纠纷,是指行为人侵害他人人身权并造成损害发生的人身损害赔偿纠纷。农村一般人身侵权损害赔偿纠纷主要有以下情形:因打架斗殴发生的人身损害赔偿纠纷;抛掷物致人损害发生的人身损害赔偿纠纷;防卫过当发生的人身损害赔偿纠纷;见义勇为发生的人身损害赔偿纠纷;义务帮工发生的人身损害赔偿纠纷。

②特殊人身侵权损害赔偿纠纷。特殊人身侵权损害赔偿纠纷,是指致人损害行为引起的损害赔偿纠纷。农村特殊人身侵权损害赔偿纠纷主要有以下情形:高度危险作业致人损害的人身损害赔偿纠纷;饲养动物致人损害的人身损害赔偿纠纷;悬挂物塌落致人损害的人身损害赔偿

纠纷;堆放物品倒塌致人损害的人身损害赔偿纠纷;对儿童未尽安全保障义务发生的人身损害赔偿纠纷。

(2)调解一般人身侵权损害赔偿纠纷应当注意的事项:

①注意引导当事人理性地处理纠纷。在处理人身损害赔偿纠纷的过程中,受害人一方往往会表现出情绪化,容易形成对立的局面,一方要“法庭上见”,对方表示“奉陪到底”。对此,调解人员可以采用背靠背调解法,引导当事人理性地看待纠纷处理成本,指出一旦提起诉讼,将产生诉讼费、律师费、交通费等费用和时间上的耽误等,对双方都没有好处,促使当事人以务实的态度坐下来协商,争取达成调解协议。

②妥善处理因混合过错造成人身损害的责任承担问题。在打架斗殴纠纷中,往往双方都有过错,即存在混合过错。调解时要注意妥善处理责任承担问题。受害人对同一损害的发生或者扩大有故意、过失的,可以减轻或者免除赔偿义务人的赔偿责任。受害人有重大过失的,可以减轻赔偿义务人的赔偿责任。但侵权人因故意或者重大过失致人损害,受害人只有一般过失的,不减轻赔偿义务人的赔偿责任。

③根据不同情形,确定无偿帮工活动中的人身损害赔偿责任。为他人无偿提供劳务的帮工人,在从事帮工活动中致人损害的,被帮工人应当承担赔偿责任。被帮工人明确拒绝帮工的,不承担赔偿责任。帮工人存在故意或者重大过失,赔偿权利人请求帮工人和被帮工人承担连带责任的,应予支持。帮工人因无偿帮工活动遭受人身损害的,被帮工人应当承担赔偿责任。被帮工人明确拒绝帮工的,不承担赔偿责任,但可以在受益范围内予以适当补偿。帮工人因第三人侵权遭受人身损害的,由第三人承担赔偿责任。第三人不能确定或者没有赔偿能力的,可以由被帮工人予以适当补偿。

④调解因见义勇为发生的人身损害赔偿纠纷时,应当保护见义勇为者的利益。为维护国家、集体或者他人的合法权益而使自己受到人身损害的,由侵权人承担民事责任。因没有侵权人、不能确定侵权人或者侵

权人没有赔偿能力，赔偿权利人请求受益人在受益范围内予以适当补偿的，调解人员应予以支持。

⑤对未成年人未尽安全保障义务发生的人身损害，应由教育机构承担相应的赔偿责任。对未成年人依法负有教育、管理、保护义务的学校、幼儿园或者托管机构，未尽职责范围内的相关义务致使未成年人遭受人身损害，或者未成年人致他人人身损害的，应当承担与其过错相应的赔偿责任。第三人侵权致未成年人遭受人身损害的，应当承担赔偿责任；学校、幼儿园等教育机构有过错的，应当承担相应的补充赔偿责任。

知识链接

人身损害赔偿的主体包括赔偿权利人和赔偿义务人。

赔偿权利人，是指因侵权行为或者其他致害原因直接遭受人身损害的受害人、依法由受害人承担扶养义务的被扶养人以及死亡受害人的近亲属。

赔偿义务人，是指因自己或者他人的侵权行为以及其他致害原因依法应当承担民事责任的自然人、法人或者其他组织。

80. 一般人格权损害纠纷应如何调解？

(1)一般人格权损害赔偿纠纷的主要情形

①当众以语言或行为侮辱、诽谤、损害他人人格引起的损害赔偿纠纷。如以讽刺口气呼叫他人不雅的绰号、逼迫他人当众下跪和吃污秽物、张贴贬损他人人格的漫画和标语等。

②在婚丧、祭祀、乔迁等重大活动中，严重贬低他人人格引起的损害赔偿纠纷。如将长辈安排到晚辈的位置，让长辈和晚辈同等待遇，将本

族人作为外族人对待，故意赠送寓意不好的礼品，等等。

③在经营活动中侵害他人人格尊严引起的损害赔偿纠纷。如乡村商店、餐馆、农副产品加工厂、农民专业合作社等经营场所在管理过程中损害员工、顾客的人格尊严等。

④侵害死者人格引起的损害赔偿纠纷。如以侮辱、诽谤、贬损或者违反社会公共利益、社会公德的其他方式，侵害死者的人格，死者近亲属进行追究而发生损害赔偿纠纷。

（2）调解一般人格权损害赔偿纠纷应注意的事项

①注意综合运用调解方法与技巧。一般人格权损害赔偿纠纷的调解中，赔偿数额的确定与消除影响的方式是调解中的难点，双方当事人往往在赔偿数额和赔礼道歉方式上分歧较大。调解员可以通过“背靠背”的方式调解，解释有关法律规定，引导侵权行为人换位思考，促使其认识到自身行为的错误和应当承担的法律后果。结合有关法律规定，耐心劝说受害人放弃过分、过高、过于苛刻的要求，适当降低那些不符合实际的要求，或变通作出处理。从两方面引导，促使双方达成调解协议。

②注意法律的适用和当地风俗习惯的衔接、统一调解工作应当尊重当地的公序良俗。当法律、法规、司法解释和国家的政策均没有规定时，可以根据习俗和民间习惯进行调解。对于那些不违反法律规定及道德的风俗习惯，可以予以支持。例如，消除影响的方式就应当按照当地风俗确定，可以是在一定范围内公开赔礼道歉、请吃饭等。

③综合相关因素确定精神赔偿金额。对于侵害他人人格尊严致人精神损害，造成严重后果的，如受害人自杀、患精神疾病、出现心理障碍、精神一蹶不振、学习成绩急速下降等，侵权人应当赔偿相应的精神损害抚慰金。赔偿数额可根据侵权人的过错程度、侵权行为的具体情节、行为的恶劣影响程度、行为的后果、经济赔偿能力，受害人的地位、受害程度，社会经济发展水平酌定。

知识链接

侵犯人格权的民事责任方式有：

(1)停止侵害、恢复名誉、消除影响、赔礼道歉。恢复名誉、消除影响、赔礼道歉可以约定以书面或者口头的方式进行。

(2)赔偿损失。侵权人应当赔偿受害人因侵权行为造成的经济损失，赔偿经济损失的数额应当以实际损失为限。

(3)精神损害赔偿。因侵害他人人格尊严致人精神损害，造成严重后果的，侵权人除了承担停止侵害、恢复名誉、消除影响、赔礼道歉等民事责任外，还应根据受害人一方的请求赔偿相应的精神损害抚慰金。

81. 农村道路交通事故损害赔偿纠纷应如何调解？

(1)农村道路交通事故损害赔偿纠纷的主要情形

①非法营运造成的交通事故纠纷。如用农用车、拖拉机、摩托车违章经营载人业务，发生交通事故引起的损害赔偿纠纷。

②违法、违章驾驶造成交通事故引起的损害赔偿纠纷。如因无证驾驶农用车、机动三轮车、拖拉机、摩托车等机动车，超速行驶、酒后驾驶，货车超载、人货混装等发生交通事故，引起纠纷。

③机动车不登记、不年检、不投保交通事故责任强制保险，发生重大交通事故后无力赔偿，赔付不到位而引起纠纷。

④车辆在道路以外通行时发生的事故引起的纠纷。如拖拉机耕地，摩托车在田埂上行驶，三轮车和农用车在乡村简易公路上行驶，到晒谷场上装货，发生翻车事故，造成人身、财产损害，引起纠纷。

⑤非机动车与非机动车、非机动车与行人之间发生的交通事故引起

的纠纷。

(2)调解农村道路交通事故损害赔偿纠纷应当注意的事项

①不能受理不适用人民调解的交通事故损害纠纷。交通事故的损害赔偿纠纷有三种情况不适用人民调解,分别为:当事人自行协商解决;当事人已请求公安机关交通管理部门调解;当事人已向人民法院提起民事诉讼。

②要注意依法明辨是非,分清责任。农村的许多交通事故纠纷是由于非法营运,违章驾驶,以及不按规定进行机动车登记、年检和购买保险,或者受害人严重违反道路交通安全法与交通规则。在调解中,对于存在重大过错的赔偿义务人要提出严肃批评,帮助其认识到自己的错误与应当承担的法律责任,放弃赖账的侥幸心理;对受害人的重大过错也必须严肃指出,使其认识到自己应当承担的相应后果。在依法明辨是非、分清责任的基础上,提出调解建议,促成双方达成调解协议。

③对于机动车造成的非道路交通事故纠纷,按一般的人身、财产损害赔偿纠纷进行调解。由乡镇、村自行修建的道路、机耕道和自然通车形成的道路,以及耕地,林场、晒场不属于法定道路。在这些路上和场所发生的机动车事故属于非道路交通事故,公安交警部门不具有事故责任认定的法定管理职权,人民调解委员会受理后,按一般的人身、财产损害赔偿纠纷进行调解,赔偿项目与金额可参照道路交通事故的相关标准确定。

知识链接

《中华人民共和国民法典》第一千二百一十三条:

机动车发生交通事故造成损害,属于该机动车一方责任的,先由承保机动车强制保险的保险人在强制保险责任限额范围内予以赔偿;不足部分,由承保机动车商业保险的保险人按照保险合同的约定予以赔偿;仍然不足或者没有投保机动车商业保险的,由侵权人赔偿。

《中华人民共和国民法典》第一千二百一十六条：

机动车驾驶人发生交通事故后逃逸，该机动车参加强制保险的，由保险人在机动车强制保险责任限额范围内予以赔偿；机动车不明、该机动车未参加强制保险或者抢救费用超过机动车强制保险责任限额，需要支付被侵权人人身伤亡的抢救、丧葬等费用的，由道路交通事故社会救助基金垫付。道路交通事故社会救助基金垫付后，其管理机构有权向交通事故责任人追偿。

《中华人民共和国民法典》第一千二百一十七条：

非营运机动车发生交通事故造成无偿搭乘人损害，属于该机动车一方责任的，应当减轻其赔偿责任，但是机动车使用人有故意或者重大过失的除外。

82. 农村劳动纠纷应如何调解？

劳动纠纷，又称劳动争议，是指劳动关系当事人之间因劳动的权利与义务发生分歧而引起的争议。

(1)农村劳动纠纷的主要情形

①农民专业合作社劳动纠纷。农民专业合作社，是指在农村家庭承包经营基础上，同类农产品的经营者或者同类农业生产经营服务的提供者、利用者，自愿联合、民主管理的互助性经济组织。农民专业合作社以其成员为主要服务对象。农民专业合作社劳动纠纷是合作社为生产经营需要与聘用人员之间，因报酬福利等产生的纠纷。

②个体工商户劳动纠纷。个体工商户，是指有经营能力并依照《个体工商户条例》的规定经工商行政管理部门登记，从事工商业经营的公民。个体工商户与个人独资企业既有相同之处，但更有根本的区别。个

体工商户与其劳动者之间，往往因拖欠劳动报酬、不重视安全、随意延长劳动时间、经济补偿等引发纠纷。

③农村合伙企业劳动纠纷。合伙企业，是指两个或两个以上的自然人通过订立合伙协议，共同出资经营、共负盈亏、共担风险的企业组织。合伙企业与劳动者之间常因拖欠劳动报酬、不交或拒交劳动保险费用等产生纠纷。

④进城务工人员到当地学校、机关、卫生院打工所发生的劳动纠纷。此类纠纷有追索劳动报酬纠纷、经济补偿金纠纷、人身伤害赔偿纠纷等。

（2）劳动纠纷的处理

①发生劳动纠纷，劳动者可以与用人单位协商，也可以请工会或者第三方共同与用人单位协商，达成和解协议。

②当事人不愿协商、协商不成或者达成和解协议后不履行的，可以向调解组织申请调解；不愿调解、调解不成或者达成调解协议后不履行的，可以向劳动争议仲裁委员会申请仲裁；对仲裁裁决不服的，可以向人民法院提起诉讼。

③当事人对自己提出的主张，有责任提供证据。与争议事项有关的证据属于用人单位掌握管理的，用人单位应当提供；用人单位不提供的，应当承担不利后果。

④发生劳动纠纷的劳动者一方在10人以上，并有共同请求的，可以推举代表参加调解、仲裁或者诉讼活动。

⑤用人单位违反国家规定，拖欠或者未足额支付劳动报酬，或者拖欠工伤医疗费、经济补偿或者赔偿金的，劳动者可以向劳动行政部门投诉，劳动行政部门应当依法处理。

知识链接

不属于劳动纠纷的纠纷有：家庭或者个人与家政服务人员之间的纠纷；个体工匠与帮工、学徒之间的纠纷；农村承包经营户与受雇人之间的纠纷；当事人之间地位平等，不存在隶属关系、不属于劳动争议的劳务合同纠纷，不适用劳动法和劳动合同法调整，不按照劳动争议处理程序处理，应分别按照行政争议或民事争议等来处理。

83. 农村群体性纠纷应如何调解？

群体性纠纷，是指有共同利益或者共同地位的群体或群体之间权利、利益受到侵犯而引发的冲突。群体性纠纷往往是多种社会矛盾的综合反映，是多种利益冲突的集中表现。

（1）农村群体性纠纷的主要情形

①社会问题引起的群体性纠纷。社会问题引起的群体性纠纷，是指由于种族宗教的隔阂、庆祝活动、体育活动或其他社会活动所引起的恩怨，或因失业、劳资纠纷激起的不满情绪，导致罢工、请愿、游行、示威等行动，进而集体采取暴力行为酿成的纠纷。

②个案处理不当引起的群体性纠纷。因为有关部门或单位处理某一事件不当，影响部分群众的权益而产生不满，经过利益关系人的陈述请愿，在得不到合理解决或答复的情况下，爆发成群体性纠纷。如征地拆迁、建设有污染的工厂、修路迁移坟墓等引发纠纷。

③突发事故引起的群体性纠纷。如因长途货车翻车引起哄抢和交通堵塞、因重大工伤事故引起受害人亲属群体围攻责任单位等。

（2）调解农村群体性纠纷应当注意的事项

①要将控制事态发展作为首要任务。遇到突发性、易激化的农村群体纠纷时，调解员要迅速赶到纠纷发生现场，先稳住当事人，针对民事纠纷部分提出处理建议，果断采取有效措施防止矛盾升级，然后再积极开展调解，耐心细致地做思想工作，防止当事人妨害公共秩序或采取极端

行为。

②找准切入点，有效地开展调解。找准症结，对症下药，做好关键性人物的工作。要充分发挥“乡情、亲情、友情”的作用，紧紧依靠当地的老干部、老党员和地方上有威望并且愿意配合的人员，做好劝说、疏导工作，促使关键性人物转化思想。坚持以疏导、劝说在先，打击惩罚在后，配合有关部门选准时机打击事件中极少数人的违法犯罪行为。

③始终保持理性和冷静。参与群体性纠纷的群众往往态度生硬，语言尖刻，甚至采取过激行为，这就要求调解员在处置过程中头脑要冷静，态度要不火、不急、不燥，同时，严格依据法律法规、党的政策解决问题，既不说“过头话”，又不能一味承诺群众的无理要求。隐蔽或被胁迫加入的群众，只要其未参与犯罪行为，不论事前、事中还是事后，都应采取耐心说服、教育的方法，使其尽快明白自己的错误行为，最终团结在调解员的周围。

④及时兑现承诺。在调解群体性纠纷时，对于群众的合理要求，要及时予以承诺。同样，在事件平息后，对群众的承诺也要一件件地抓紧、抓好、落实，尽快兑现，绝不能久拖不结、一拖了之，从而导致群众对调解人员失去信任。

知识链接

对群体性妨害社会管理秩序行为的治安处罚有：

(1)煽动、策划非法集会、游行、示威，不听劝阻的，处10日以上15日以下拘留。

(2)扰乱公共秩序，妨害公共安全，侵犯人身权利、财产权利，妨害社会管理，具有社会危害性，依照我国《刑法》的规定构成犯罪的，依法追究刑事责任；尚不够刑事处罚的，由公安机关依法给予治安管理处罚。

(3)有下列行为之一的，处警告或者200元以下罚款；情节较重的，处5日以上10日以下拘留，可以并处500元以下罚款：扰乱机关、团体、企业、事业单位秩序，致使工作、生产、营业、医疗、教学、科研不能正常进行，尚未造成严重损失的；扰乱车站、港口、码头、机场、商场、公园、展览馆或者其他公共场所秩序的；扰乱公共汽车、电车、火车、船舶、航空器或者其他公共交通工具上的秩序的；非法拦截或者强登扒乘机动车、船舶、航空器以及其他交通工具，影响交通工具正常行驶的；破坏依法进行的选举秩序的。聚众实施以上行为的，对首要分子处10日以上15日以下拘留，可以并处1000元以下罚款。

第六章　建设和谐邻里关系的有效途径

84. 社区意见箱的处理步骤有哪些?

社区意见箱,就是居民以匿名信笺的方式,将自己的意见或建议投送到专门收集社区居民信息的意见箱中,来表达自己对某个问题或具体事件的看法或建议,参与社区建设,传递居民个人的心声,表达某种意愿。这是社区信息采集最传统的方式,也是充分利用"黑箱理论"来联结社区居民和社区管理机构的一种方式。

社区居委会对意见箱所收集到的居民意见和建议,不能草率地做决定,而应该按照以下步骤进行处理。

第一,定期收集。对意见箱所收集的意见和建议,每周五开箱,以五个工作日为时间段,按照轻重缓急、影响面大小和解决的时效性原则进行分类,并通过"信息公布栏"将居民所提意见和建议分类情况公布出来。同时,根据意见和建议的针对性和时效性,提出整改的方案,为下一步整改落实做好准备。

第二,座谈走访。对意见箱中所采集到的意见和建议,有针对性地召集小范围内的座谈,了解和调查意见箱中所反映的问题,走访意见所涉及的居民、机构和组织,了解具体情况,探寻具体问题,分析具体原因,防止偏听偏信,避免因某些人为因素导致混淆视听、模糊真相。同时,结合座谈走访的情况,对收集到的意见所反映的问题、相关建议的合理性和可行性进行认真研讨,有针对性地制定相应的整改措施,并逐步逐条落实。

第三，及时反馈。对意见和建议的落实情况进行及时反馈，以对整改意见或对建议的处理进行“后观式”回应。具体可以通过“回音壁”进行反馈，公布对每期意见箱收集到的意见和建议的处理情况，并对居民所关注的问题进行说明，对未能解决好的问题作进一步的关注，对受条件限制而一时不能解决的问题进行必要的解释，使社区居民能够真切感受到社区管理机构和组织对他们意见和建议的重视，从而激发社区居民或入驻组织参与的积极性，更好地开展畅达民意的意见箱工作。

第四，有效回应。除对意见箱所涉及的具体问题进行分类处理、及时反馈外，更重要的是进行有效地回应。虽然说反馈过程也是一种回应的方式，但是，针对意见箱所收集到的意见和建议，只停留在反馈和相关的处理上还是不够的。也就是说，要对涉及社区具体事务和社区建设的意见和建议，制定一个有效的整改时间表，并对整改的成效做出具体的回应，不能将整改或处理意见仅停留在口头上，“口惠而实不至”。同时还要对处理意见做出时间的限制，以防止整改措施或处理意见无限期地拖延下去，从而使具体方案的实施打折扣，或不了了之，影响社区居民或入驻组织的参与意识，质疑社区意见箱的具体功用。

通过以上四个步骤，对社区意见箱收集到的意见和建议的分类处理，以“意见（建议）—整改（采纳）—反馈（改进）—回应（延伸）”的有效管理模式，实现社区居民与社区管理机构的良性互动，增强社区居民的参与意识，预防社区邻里矛盾的引发和蔓延。

知识链接

通过社区意见箱这一传统信息收集平台，可以将居民不便直接表达或提出的建议和意见，以匿名的方式表达出来，避免因所提意见的激烈性或内容的针对性而受到指责，消除了提意见居民的顾虑。这种传统方式一方面可以有效地保障居民的合法权益，减少居民顾虑，增强居民的参与意识;另一方面可以在社区居民和社区管理机构之间,起到很好的互动和沟通作用,将私人性的意见通过意见箱汇集到社区居委会等机构中,较好地预防因社区建设和社区管理方面的问题而引发的社区冲突。

85. 开展民意调查的作用、内容及方式有哪些?

民意调查,又称民意测验,是调查者运用科学的调查与统计方法,通过亲自接触或广泛了解,如实反映一定范围内的民众,对某个或某些问题的态度倾向的一种应用性社会调查活动。民意调查包括了调查设计、调查资料搜集和整理、调查资料分析研究和撰写调查报告等过程。

在社区开展社情民意调查,涉及百姓生活、突发事件和干部绩效考核等多方面内容的调查,如对居民拆迁、社区居委会选举等关系居民切身利益事件进行的调查。以调查表或量表的形式,了解居民的需求和存在的问题,分析居民的观点态度、思想倾向和意见要求,预测可能出现的矛盾纠纷,及早制定预防措施和化解矛盾的方法途径。这种了解社情民意的方式,主要是为了获得居民的一般性意见和对具体事件的态度观点,因而具有一定的舆论引导作用和柔性管理倾向。

(1)民意调查的内容

社情民意调查是为了更好地了解社区居民对社区工作及相关问题的态度和看法,以便为社区管理机构的决策和社区服务的开展,提供翔实的数据和资料,更好地开展社区工作,预防社区邻里矛盾。因此,调查的内容应包括以下几个方面:

①围绕社区工作考核开展满意度调查。社区工作主要包括管理工作、服务工作和事务性工作,社区工作考核主要是针对社区管理机构、服务机构和工作人员而展开。因此,以社区工作考核为契机,以社区机构

和工作人员的工作为调查对象，开展满意度调查，不仅能够了解到考核工作中社区机构和工作人员的能力和工作态度，而且了解考核工作是否公平、合理，同时可以了解社区居民对考核工作的关注，纠正考核中的不法行为，维护社区居民的合法权益。

②围绕社区管理和服务工作开展调查。社区工作中，对社区管理和服务的调查，可分社区管理机构、管理人员和社区服务机构、服务人员两大块，同时对社区的入驻组织也可以展开相关调查。通过开展社情民意调查，了解社区职能部门和服务机构及其人员的工作绩效、存在的问题、隐含的矛盾。为了提高社区管理机构的工作效率，改进管理人员的工作方式，改善工作态度，转变工作理念。强化服务意识，树立“以人为本，服务社区”的服务观，满足居民的不同需求，更好地为社区居民服务，建设“和谐社区、平安社区、暖情社区”。

③围绕社区居民关注的热点问题开展调查。社区工作内容广泛，涵盖面广，辐射面大，在不同阶段有不同的关注问题。一般而言，社区热点主要集中在社区建设、社区管理和社区服务三项常规性工作上。除此之外，社区居民最关心的仍然是与切身利益相关的问题，如社区保障、社区治安、社区服务、社区环境等问题。不同的社区居民群体关注的问题各有侧重。如生活困难的居民更多地关注社区保障，在社区保障调查中，要重点开展残疾人、无生活来源人、无法定赡养人、无法定抚养人和无劳动能力人的衣食住行调查。通过调查，发现问题，反映民众心声，下情上达，为党委、政府制定政策、评价工作和改进服务提供民意依据，进一步改善社区保障工作。

④围绕公众的心理情绪和价值取向开展调查。不同的经济社会发展阶段，人们对待社会的心态及自身的价值取向不同。特别是在社会转型时期，是心理情绪激变的多发期，民众价值转变的关键期和隐形矛盾的积聚期，民众心态的变化也是重要的社会变迁。这些变化都会在社区中表现出来。因此，针对不同的社区类型和不同阶层的社区居民，根据

他们的年龄、职业、教育状况、工作经历等状况,可以开展“民众心理情绪和价值取向调查”。定期对民众心理情绪和价值取向进行调查,并进行动态分析,给社区管理、服务机构和有关部门提供参考,以制定相关政策,维护社区稳定,促进社区健康发展。

⑤围绕社区邻里矛盾类型和处理方式展开调查。社区是社会的基础和平台,在社会中可能发生的现象几乎都会在社区中发生。在社会建设过程中,从“单位制”向“社区制”转型阶段,社会成员的所属身份也有“单位人”向“社区人”转变。社区建设面临着新情况、新问题、新任务,反映到社区管理中,会导致和引发社区内的矛盾冲突不断发生,特别在不同类型的社区中更容易积聚矛盾。因此,应围绕社区邻里矛盾类型和处理方式展开调查,通过调查,了解矛盾的现状、分析成因,为进一步决策提供参考。

(2)民意调查的方式

社情民意的调查需要按照科学的规划,并采用恰当的调查方式进行。针对不同类型的社区状况,应采取不同的调查方式,争取获得第一手调查资料。调查方式选取的得当与否,直接关系到调查的顺利进行、调查进度和调查数据的准确。针对社区调查而言,可采取以下方式进行。

①面对面访谈。通过入户访谈、街头随访等形式,由访谈者对被调查者提问,并将答案记录在问卷上,然后对问卷进行处理和数据录入,有一定的随机性。对一些特定对象,如外来人员或流动性较强的人群,无法通过电话访问,必须进行面访。

②信函访问、留置访问。向特定的调查对象发出调查问卷,由调查对象填好后收回。这种方式存在问卷回收率低的问题,但适合于一些深层次的调查研究。

③计算机辅助电话调查。问卷由相应的软件来设计生成。访谈者坐在 CRT 终端前,通过电脑拨打号码,用小型的耳机式电话向被调查者

进行访问,并通过电脑记录结果。这种方式适用于社区常住人群。

④网络调查。借助信息技术和社区网络空间,通过发电子邮件、网络问卷的方式进行调查。这种方式已成为被广泛采用的一种调查手段,但网络调查的代表性受到一定的限制。

以上调查方式主要是由居委会成员或社区工作站人员进行。通过定期进行社情民意调查,使社区党委和居委会能够更好地了解社区居民对管理和服务的意见和建议。通过下情上达,社区居民和入驻组织可以监督社区的管理、服务,实现社区居民的批评建议权。同时,社区管理机构和服务机构通过民意调查,了解社区建设和存在的问题,接受社区居民的申诉、控告,维护居民的合法权益。居民通过参与维权。获得社区的救助和必要的保障,使上情下达,获得相应的国家保障和国家赔偿。定期进行社情民意调查,使信息畅达、透明,实现社区信息化管理、社区服务和在社区居民之间加强沟通、增进了解,预防矛盾出现和冲突发生。

知识链接

民意调查主要有以下作用:

(1)反映社情民意

由于所选的民意调查议题,通常是社区居民和入驻组织普遍关心的,并有较大影响的问题,因此,民意调查结果往往能够成为党委、社区管理机构制定决策、实施政策的重要参考因素。而且民意调查结果通过媒体发布,有利于广泛地形成社会舆论,拓展决策部门倾听民声民愿的渠道,实现下情上达。

(2)监督社区环境

现代社会的快速发展是与社会风险的增大联系在一起的。这要求加强对社会、社区环境的监督。而社会、社区环境的监督总是通过一系列社会指标的数据采集和综合处理来实现的。民意调查所进行的公众满意度调查就发挥了一个很好的监督作用。

(3)引导社区舆论

民意调查结果在有关媒体上发布，往往会成为公众或社区居民关心、议论和思考的问题，并对人们产生某种影响，引导着社会心理和舆论。从这个意义上说，民意调查在一定程度上形成了一种社会控制机制，它影响着社会成员的观念、态度和价值取向，进而对个人和社会的思想和行为方式具有导向和约束作用。

(4)协助公共决策

民意，是一种社会大众的共同意见和一致态度。管理机构的决策要想做到现实可行和有预见性，就必须尽可能地了解民意，顺乎民意，通过社情民意调查，发挥协助公共决策的作用。

(5)充实传播内容

社区开展的民意调查大多与社区居民的社会生活有着广泛的联系，可以为社区教育和社区媒介提供丰富而生动的素材。这些经过调查所获得的素材，能够反映与社区居民自身关系密切、与自己的意见更贴近的声音，无疑更具亲和力和引导性。

86. 定期走访的方式及内容有哪些?

定期走访是指居委会或社区工作站工作人员，以“以人为本，服务社区”为目标，以“听民情、访民意、解民难”为工作要求，对辖区居民进行入户走访，了解社情民意的一种方式。通过定期对居民住户的走访，深入社区，了解居民情况，为居民排忧解难，切实维护群众的合法权益，预防社区邻里纠纷，维护社区的稳定、和谐、安全。

(1)定期走访的走访方式

①上门走访。走访小组或小组成员采取上门入户的方式，认真听取

社区居民住户或入驻组织的意见和建议。

②邀请督导。主要包括两个方面:一是邀请社区居民代表、党支部成员、入驻组织和有关部门人员,通过座谈讨论等形式,征求意见和建议;二是每年聘请一批社区工作建设监督员,搜集他们的意见和建议,或邀请其到社区检查督导。

③发放征求意见书。进行定期调查,广泛征求社区居民和入驻组织关于社区建设、社区管理和社区服务等各个方面的意见和建议。

(2)定期走访的内容

定期开展对社区居民住户的走访,除一般的事务性问题外,还应按照社区邻里纠纷的类型和邻里纠纷潜在主体进行重点走访,具体重点走访内容包括以下四个方面。

①以社区不同类型居民为重点进行走访。一般而言,在"单位制"向"社区制"过渡阶段,不同社区具有不同的类型,同一社区具有不同阶层的居民住户。因此,可根据社区类型的不同,对社区居民进行重点走访。

在高档社区,居民收入水平较高,人口结构的年龄特点是基本上处于年富力强阶段,老人比例相当低。这类居民受教育程度高,独立性强,崇尚私密性和个人空间,既不想干预别人,也不想要别人来干预自己。但这类居民所面临的情感、婚姻、家庭和价值观等方面问题居多,可进行重点走访。

在混合型社区,居民主体为国有企事业单位职工、管理人员和国家公务员等,人口结构的特点是老人比例稍高。这类社区中的居民可以分成两类。一类是比较成功的人可以称为"过渡人",其与单位的关系超过与社区的关系。一类是老人、青少年和部分中年人,参与社区活动比较积极,其需求有不少是依靠社区来满足,可以称之为"社区人"。该居住区的个人掌握资源的程度不同,本地居民资源有限,特别是区域外资源来源不足。由于居住质量不高,邻里间为居住上的矛盾发生纠纷的不少。由于纠纷往往具有财产性质,当事人卷入比较深,且居民中有很多文化水平高的人,想法也多,如果处理不当,易于使纠纷或矛盾复杂化,导致居民采取上访、有组织的行动等方式,可进行重点走访。

在老旧社区,居民以本地出身的无业或非技术性体力劳动者为主。总体上文化程度较低,经济条件差,住房状况不好,老人比例高,居民中失业的较多。居民自身资源和社会资源都较为缺乏,自行解决的能力较差,对国家福利和社会救济依赖较重。这类居民对社区的需要程度高,自我组织能力不强,可进行重点走访。

②以社区居民的需求为重点进行走访

在不同类型的社区需求方面,因为社区居民主体不同,需求呈现出多样性的特点。但是,在众多的不同需求中,居民切身的物质利益要求和对资源的占有多少,成为最主要的需求冲突根源。因此,可根据社区不同主体在“需求没有满足”和“资源占有不同”的表现上进行重点走访。

“需求没满足”方面,在居住问题上,表现为居民与开发商、政府的冲突。业主与物业的冲突;在社区经济与社区服务上,表现为居民与地方政府、街道、居委会及相关组织之间的冲突;在社区就业上,表现为失业下岗人员与政府,失业下岗人员与街道,居委会及相关组织,失业下岗人员与家庭的冲突;在社区保障与社区救助上,表现为贫困群体与街道、居委会及相关组织的冲突。

“资源占有不同”方面,在居住问题上,表现为房主与房管部门之间的冲突;在社区经济与社区服务上,表现为居民与居民之间的冲突;在社区保障与社区救助上,表现为贫困群体与其他居民之间的冲突。

③以社区不同类型呈现的问题为重点进行走访

由于社区类型不同出现的问题不同,由此引发的冲突表现也不同。这些冲突形式应成为定期重点走访的对象,具体包括社区阶层冲突、社区权利冲突、社区文化冲突和社区物质利益冲突。

社区阶层冲突。社区阶层冲突比较明显的是社区居民与各级管理者之间,以及进城务工人员与城市居民之间的冲突。

社区权利冲突。一是社区公共权利与公共权力的冲突，主要发生在社区居委会与政府之间，这种权利冲突实际上是基层政府的公共权力在运作过程中，与居委会这一社区居民利益共同体的公共权利之间，由于权利边界不确定性和模糊性而导致的冲突。二是社区公共权利与公民权利的冲突，主要通过社区居委会与社区居民之间的权利冲突表现出来，社区公共权利和公民权利的冲突还通过物业管理公司与业主的冲突表现出来。

社区文化冲突。社区文化冲突表现在失业下岗人员身上。失业下岗人员在由单位人变成社区人的过程中，他们的心理、情绪、习惯、行为方式等方面陷入了严重的矛盾冲突境地。社区外来流动人口身上表现得也比较突出，进城务工人员常常陷入自我身份认同困境。他们搞不清楚自己是谁，是农村人、外地人，还是夹在中间者？

社区物质利益冲突。社区物质利益冲突可以归结为两类。从社区承担着满足人们物质生活需要功能的角度来看，作为社区物质利益需求主体的社区居民，与作为满足社区物质利益需求的承担者，如地方政府、街道办事处。居委会及社区内的各种相关机构和组织之间，存在着物质利益需求能不能满足，物质利益能否实现的矛盾。从社区构成的角度来看，它是由多种社会关系、多种社会群体的人群组合而成的。不同利益群体之间由于资源占有的不平等，会产生对立、分歧、不协调等矛盾冲突问题。

④以新型问题纠纷为重点进行走访

定期重点走访的社区居民住户所涉及的问题，除传统的婚姻家庭、邻里、住房等纠纷外，还出现一些新型纠纷。如因城市建设引起的纠纷，房屋改建、动拆迁、建筑工地施工损害到住房设施、影响采光、施工噪声等引发的纠纷；进城务工人员暂住社区或租赁社区房屋，与原有社区居民之间的纠纷；社会保障制度不完善引发的涉老纠纷；因为第三者所引发的婚姻危机而造成的纠纷等。这些纠纷近年来呈上升的趋势，如处理不好,很容易变成群体性纠纷,影响社会稳定。这些纠纷所涉及的居民住户也是长期重点走访的对象。

通过定期走访,将一般走访与重点走访结合起来,实时实地实现了社区管理机构与居民之间的双向交流和沟通,使管理机构、服务机构能及时了解居民的需求,居民也能及时了解社区的管理、服务方向,实现社区管理合理化、科学化;社区服务高效化、最佳化,以具体务实的工作满足居民的不同需求。同时,及时了解社情民意,倾听意见建议,研讨、解决问题,疏导冲突纠纷,预防、化解矛盾,维护社区的安定、和谐。

知识链接

走访的要求主要有以下几个方面:

(1)深入居民家庭,关心居民的生活,耐心听取居民的意见和建议,熟悉对所管社区的居民楼、户的情况。

(2)社区干部经常走访社区居民及公共户单位,充分发挥政府与居民之间的桥梁纽带作用。

(3)及时协调解决走访中提出的问题和要求,因客观原因一时无法解决的,做好耐心的解释工作。

(4)认真做好走访记录。

87.“零距离办公室”活动的具体做法及运行程序有哪些?

“零距离办公室”是采用“面对面谈话,零距离接触”的方式,以社区管理机构和工作人员为主导方,对涉及社区不同主体、具体事务的矛盾关涉方提供一个零距离接触、面对面沟通的平台。“零距离办公室”通过沟通、协调,倾听居民意见和建议,了解社情民意,分析矛盾问题,使社区下情上达,解决居民具体问题,达到沟通思想,统一认识,减少矛盾、消除隔阂,增进理解、推动工作的目的。当然,作为一种沟通协调方式,零距离办公室也是化解社区邻里矛盾途径的一种,在具体运用中可以将这一方式制度化,以制度形式化解社区邻里矛盾。

(1)"零距离办公室"活动的具体做法

①深入社区居民、了解社情民意,按照"从群众中来"了解问题、到"群众中去"解决问题的原则,将每个月的最后一周的周五确定为"居民接待日",每周的星期五作为"零距离办公室"办公日。

②在社区"零距离办公室"与党员、居民、特困户和救助对象"面对面"沟通,变"被动"为"主动",变"等访""上访"为"下访",坚持群众利益无小事,不掩盖矛盾,不回避困难,真心与社区居民面对面对话。

③开通 24 小时帮扶求助电话,开辟网上"零距离办公室",加强与社区与流动居民的沟通,了解和满足他们的需求。

(2)"零距离办公室"活动的运行程序

①通报信息。主要对前一次零距离办公室工作中,居民所反映的具体问题和提出的建议的解决落实情况进行通报,对整改情况、反馈情况予以说明,对社区管理机构、服务机构的工作情况予以通报。

②互动咨询。针对目前社区存在的问题和潜在的矛盾,围绕社区建设、社区管理、社区服务、居民的"难事、急事、烦心事",以及社区职能部门各项工作的现状和平安社区维护,进行咨询互动。以开放的形式,提请居民住户对社区工作的方方面面提意见和建议,到会的职能部门负责人与社区居民进行沟通和交流,对所提出的问题进行解答,对合理的建议进行接纳,以工作备忘录的形式做好记录。

③采取"六对照、三查看"的方式,对各管理机构确定谈话对象的范围和活动具体步骤的落实情况进行督促检查。"六对照"即通过对照近几年的上访群众名单、离任的干部名单、落选村干部和竞选未成功的群众名单、特困户和重大医疗救助对象名单、现任干部名单、党员和群众代

表名单,查看确定的谈话对象是否符合活动方案的要求,对应谈而未列入谈话对象的人员进行补入,确保应谈尽谈。“三查看”即通过查看谈话计划、谈话专用记录本和谈话登记表,掌握各村谈话活动的进展情况。各村每月向区委组织部和乡(街道)党(工)委汇报一次,并报进度汇总表。

知识链接

做好“零距离办公室”活动的前提条件有:

(1)做好培训

社区居委会要组织或举办对工作人员的定期培训,以集中辅导授课的方式,使工作人员学会根据谈话对象的不同情况,灵活运用直接提问、迂回了解、商量讨论、征求意见等谈话方式,使谈话人能够说真话、说实话,进一步提高谈话效率,增强谈话效果。

(2)定好目标

社区居委会以“动员部署、制订计划、分层谈话、谈话评估、总结提高”五个阶段同步开展此项活动,在活动开展的过程中,做好督促指导,确保谈话不偏离方向,不走过场。

(3)做好引导

在“零距离”谈话中,居民对社区工作中一些不清楚的问题可以进行质询,居民之间一些认识不一致的事项可以商议。工作人员要充分引导居民,使他们既能讲实情、说实话,将潜在的矛盾显露出来,又能在谈话中,认识到存在的问题和各自的不足,化解矛盾,理顺关系。

(4)提好管理要求

具体包括两个方面:第一,在活动中做到“抹开面子,放下架子”。以能吃“闭门羹”、能听“难听话”为前提,主动地与社区居民进行深入直接的接触,不回避矛盾,不怕挖出问题,解决社区居民反映的“急,难、闲、烦”事,争取他们对社区工作的理解与支持,缓解管理机构与居民之间的隔阂与矛盾,让社区居民主动参与到社区管理中来,提高居民的参与意识,自我调控能力,自觉维护社区稳定,积极化解矛盾。第二,提高社区管理和服务水平,增强工作人员的办事能力。社区各项工作要让居民理解、配合、参与、支持。干部怎么说,怎么做很关键。工作人员要带着感情走进居民,耐心听取居民意见。针对群众存在的思想问题,要做细致深入的说服引导,理顺群众情绪,化消极因素为积极因素,进而推动工作开展。

88. 开展开放空间讨论会的步骤有哪些?

开放空间讨论会是指组织或机构围绕特定主题,通过营造民主开放的空间氛围引导参会人员自由畅谈、民主研讨,充分吸收集体智慧以取得良好研讨效果的会议模式。

开展开放空间讨论会的步骤主要有以下几个方面:

(1)提出会议主题,营造民主开放的会议空间氛围。

(2)主持人引导参会者在会议主题框架下充分发表观点,并民主选出共同关注的问题分组深入研讨。

(3)参会者可以自由到任何一个研讨会场,分享他人的观点和发表自己的观点。

(4)汇总各组的观点,由全体参会者共同进行筛选和优选,形成行动方案。

知识链接

开展开放空间讨论会的意义有:

(1)"开放空间"讨论会召开的间隔时间不做硬性规定,不容易造成问题的积压。

(2)实现“零距离”对话,不再局限于“台上台下”的举手交流方式和“提案”交流方式。

(3)开放空间讨论会的信息传递更加畅通,成为小组成员间以及小组与小组间实现沟通的桥梁和纽带。

(4)开放空间讨论会为成员搭建起参与民主管理的重要平台,具有召开方便、沟通顺畅、反馈及时等特点。

89. 社区谈心室的谈心内容及谈心方式有哪些?

社区谈心室是指社区工作人员或志愿者以聊天谈话的方式,对诸如夫妻不和、婚姻危机、生活困难等所引起的矛盾、难题和烦心事,通过倾听、谈心的方式进行心理疏导,为居民提供一个谈心、交友、消遣的场所。

(1)谈心内容

在社区谈心室中,一般谈心只要涉及社区管理、服务和居民实际生活方面的问题,内容包括涉及居民个人生活琐事、家庭矛盾、情感纠纷、邻里关系、两性健康等方面的烦心事、为难事、麻烦事。这些都可以是社区谈心室的沟通调节内容。

(2)谈心方式

按照分层、分级和分类的形式,谈心采取双向互动的方式,可以是组织安排,由居委会与有关人员谈心,或委托管理机构主要负责人与有关人员谈心谈话,也可以是居民个人的约谈。

约谈式谈心。社区居委会根据工作需要提出约谈对象,通知有关人员谈心谈话。

定期访谈。社工委或居委会定期走访机关部门或社区,与有关人员谈心谈话。

委托谈话。社区其他管理机构或入驻组织主要负责人,可以受党工委书记或社工委领导的委托,与相关人员谈心谈话。也可以根据工作需要自行安排谈心谈话。

个人约谈。社区工作人员如有情况需要汇报或与组织交流、沟通的,可主动提出与社工委或其他管理机构领导约谈。

此外,根据具体事项和人数情况,谈心方式可分集体谈心和个别谈心。其中,个别谈心按照谈心对象的分类,可分为一般谈心对象、重点谈心对象和特殊谈心对象。

集体谈心可采用民主会和座谈会的形式进行。民主会的形式一般以社区党委(支部)、居委会或其他社区组织内部召开民主生活会,开展支部与居民、居委会与居民,其他社区组织与居民之间的谈心会;座谈会主要以听取汇报阶段性工作、倾听居民意见建议,分析问题成因、咨询建议、关心支持居民生活中面临的困难和挫折,解决居民生活中的实际需求。

个别谈心主要是居民个人主动到社区谈心室去谈心。这类谈心包括三个环节,即倾听环节、咨询环节和支招环节。一般而言,社区谈心室以个别谈心方式为主。

知识链接

谈心室的谈心要求有:

(1)谈心谈话要有针对性、及时性,对有苗头性、倾向性问题,遇到困难或控诉家庭出现重大问题、与他人产生矛盾等情况必谈。

(2)坚持在谈心谈话中解决问题。重点查找在思想、学习、工作、生活中存在的问题,做到敞开思想,坦诚相见,互相提醒,增进团结,共同提高。要体贴关心谈话对象,帮助其解决实际困难。

(3)通过谈心谈话了解到的重要情况,要认真做好记录,及时向社区党委、社工委或居委会汇报,做好有关工作。

(4)对每次反映的问题进行登记并及时给予落实,对涉及居民间的公益性、社会性事务和一般的矛盾,在一个工作日内落实并告知来访人。

(5)超出居委会职权范围的,及时找相关部门协调,并将工作进程及时反馈给谈心对象,做到件件有答复,事事有落实,并在社区居务公示栏进行公告。

90. 社区民情恳谈会的恳谈内容及一般程序有哪些?

社区民情恳谈会是指社区党组织和居委会就社区当前和今后的各项工作倾听和征求居民意见、建议,了解和掌握居民需求、呼声,宣传和解释党和政府的方针政策是社区居民(成员)共谋社区发展的一种会议制度。

(1)社区民情恳谈会的恳谈内容

通报社区、街道正在开展的有关工作情况;收集社情民意和居民需求;讨论社区建设有关工作目标;商讨涉及社区居民利益的有关事项。

(2)社区民情恳谈会的一般程序

①会议公告。召开社区民情恳谈会 3 日前,在社区居务公开栏和各主要出入口张贴告示,告知会议召开的时间、地点和主要内容,参加和邀请的人员等。

②会议召集。由社区党组织或居委会负责人主持,会议应有专人记录。

③情况分析。根据会议形成的意见,由社区党组织和居委会组织有关人员进行研究并提出落实方案。

④情况反馈。会议召开后 15 日内将会议意见和落实情况反馈给相关人员并上报有关部门,在社区居务公开栏予以公开。

知识链接

社区民情恳谈会的召开方式:原则上采取座谈的方式,一般每季度举行1次,也可不定期地召开专题恳谈会。

91.社区事务协调会的协调内容及一般程序有哪些?

社区事务协调会是指社区党组织和居委会对社区成员之间的矛盾或利益冲突采取协商、调解等办法进行协调处理的一种会议制度。其职能主要是化解社区邻里矛盾,维护社区稳定。

(1)社区事务协调会的协调内容

涉及社区成员共同利益的有关事项;社区成员间的民事纠纷;社区成员间的利益冲突;当事人愿意协商解决的其他事项。

(2)社区事务协调会的一般程序

①会议公告。召开社区事务协调会3日前,由社区居委会将会议召开的时间、地点协商和调解的事项等书面告知参会人员。

②会议召开。一般由社区居委会负责治保调解工作的成员负责召集并主持。会议先由当事人陈述事实和理由,然后由会议主持人分别就矛盾冲突或分歧的焦点进行询问,并据此进行协商、调解,提出解决方案。会议应有专人做好记录。

③协调结果。协调会如达成一致意见,由会议主持人当场拟定书面调解协议,双方当事人核对无误后在书面协议上签字盖章,由社区居委会治保调解委员会存档。协调会如不能达成一致意见,由会议主持人征求双方当事人意见后,确定是否再行调解或通过其他途径解决。

④事后监督。社区居委会治保调解委员会应对协议的执行情况进

行监督,并督促落实。

知识链接

社区事务协调会召开方式:一般由社区居委会下属的治保调解委员会负责召开,双方当事人通过平等协商形成一致意见后,由社区居委会负责治保调解工作的成员具体监督落实。必要时,政府有关部门应提供相关的政策和法规服务。

92. 社区工作听证会的听证内容及一般程序有哪些?

社区工作听证会是指政府有关部门或社区党组织和居委会在社区组织实施某项工作或活动前,由社区党组织和居委会组织相关社区成员就该项工作的可行性、必要性召开专门会议进行充分论证的一种会议制度。主要是听取居民对社区公益性事业、公共事务实施项目决策的意见,以确定较为科学合理的实施方案实现民主决策。

(1)社区工作听证会的听证内容

社区建设的近、远期规划;涉及本社区成员切身利益的公共事务和公益事业;政府有关部门和街道(乡镇)在社区组织实施的某项工作或活动;其他需要听证的内容。

(2)社区工作听证会的一般程序

①会议公告。召开社区工作听证会3日前,由社区居委会在社区居务公开栏对会议召开的时间、地点、内容和参加人员进行公布,并落实参加听证会的代表。

②会议召集。听证会由社区党组织和居委会负责人召集并主持,会议应有专人记录。

③会议议程。主持人介绍到会人员,宣布听证会议程;到会人员听取有关听证项目的情况介绍;会议代表发表意见和建议;听证项目的责任单位或部门解答有关问题,必要时应准备相关书面材料,并对材料真实性负责;听证会主持人进行小结。

④会议记录。会议结束后一般应在1周内完成“听证会会议纪要”,并报街道(镇)或相关部门备案。会议纪要应包括听证会的基本情况、听证代表意见的扼要陈述、听证会形成的倾向性方案等内容。听证会形成的倾向性方案应充分考虑听证代表的意见和建议,并作为政府及其职能部门和社会单位的决策参考。

⑤结果反馈。听证后的有关结果,社区居委会应当在居务公开栏内进行公布,接受社区居民的监督。

知识链接

社区工作听证会召开方式:对主要由社区实施的项目,由社区党组织和居委会组织听证;涉及政府有关部门的事务,由政府有关部门和街道(乡镇)会同有关社区组织听证。

93. 社区成效评议会评议内容及一般程序有哪些?

社区成效评议会是指社区成员代表对社区居委会全面或某一单项工作、政府在社区的有关工作进行考核评议的一种会议制度。主要是听取社区居委会及政府有关部门的工作报告,接受居民对社区工作的审查,推进民主监督。

(1)社区成效评议会的评议内容

完成社区年度工作目标任务情况;履行工作职能、完成专项工作任务情况;完成社区建设任务情况。

(2)社区成效评议会的一般程序

①提交工作总结。由考核评议小组在举行社区成效评议会议15日前,通知社区居委会在10日内向考核评议小组提交全年或某项工作总结。

②综合考察。考核评议小组接到书面材料后5日内,结合工作计划和任务完成情况,对社区居委会工作进行综合考察,形成书面调查材料。

③会议召集。考核评议小组负责组织召开评议会议,听取社区居委会对本年度社区工作情况的报告,然后由考核评议小组进行点评,并提出优秀、合格、基本合格、不合格四个等级的书面评定意见,评定意见须经考核评议小组全体成员签字。

④结果反馈。考核评议小组应当在评议会召开后的3日内,将评议结果反馈被评议对象及上级主管部门。评议结果作为工作考核和奖惩的依据。

知识链接

社区成效评议会召开方式:原则上采取综合评议的方式,一般于每年年底或某项工作终了时进行。

94. 如何运用信访制度加强党和群众的联系?

(1)建立健全排查制度

排查是信访工作的源头性工作。排查工作的实质,就是横向到边,纵向到底的滚动式排查,使信访工作预防为先。社区开展信访工作,要建立"每月滚动排查、每季聚焦梳理、重要节点再梳理"的预警排查制度。

一是对可能发生的矛盾事先预测、事先预警、事先控制，对显现和已发生的矛盾采取稳控、缓解、化解措施。

二是对已显现和可能发生的不稳定矛盾，进行日常定期排查，落实责任单位、责任领导和责任工作小组，制定预案，制定稳控化解措施，并对矛盾发展不断进行跟踪关注。

三是对重要节点加强关注，结合定期排查再梳理，确保矛盾排查不疏漏，并分层次关注重点矛盾对象，确保节点稳定。

(2)建立健全压力传递制度

信访工作是一个社会性、系统性、网络性很强的政治工作，单靠信访工作部门和工作人员是很难做好的。以压力传递的方式，通过每个责任单元，每个单元的信访责任，形成相互链接的责任机制，如“信访部门一票否决制”“信访首问制”等，确保发生矛盾有人管、有人化解，使得矛盾化解的时间更快，效率更高。

(3)建立健全整合制度

一个信访事件通常会涉及劳动工资、改制转制、法律法规、党风廉政等诸多问题，稍有疏忽，处理不当，一个小矛盾就可能演化成大冲突。同时，信访工作人员并不是“万事通”，所有政策都知晓懂得，面对信访日益频繁、涉及面广泛、各种矛盾交织的复杂性，有必要协调各方力量，建立“大信访、大综治”的矛盾协调机制，从源头上控制矛盾，及时预防和化解矛盾。

知识链接

信访工作是加强党和群众联系的重要桥梁。要真正发挥“第一关口”了解社情民意，教育疏导群众的作用，强化广大信访工作人员的责任意识和群众观念，做到接待群众真诚热情，了解情况全面准确，答复问题耐心细致。要加强信访信息系统建设，围绕“方便群众，规范工作，提供服务”的建设目的，真正把信访信息系统建好用好，为信访人在当地提出信访事项、查询办理情况提供便利，为各级信访工作机构和有权处理信访事项的行政机关提供统一的办公平台，为各级领导及时掌握信访动态，科学民主决策提供服务。

95. 心理健康咨询室的工作职责及长效机制有哪些？

社区心理健康咨询是指为在学习、工作、人际交往、婚姻恋爱、家庭、社会环境等各种情况下所产生心理困扰的来询者提供心理咨询服务，以及为精神障碍者开展临床评估，早期诊断，早期干预，以减少其复发，减轻个人、家庭和社会负担，恢复社会功能，提高生活质量。

心理健康咨询除对社区居民心理方面的困惑和问题进行咨询，提高他们的心理健康水平外，更重要的是进行临床评估、早期诊断和早期干预，以减少其复发，促进社区和谐、社会和谐。

(1)心理健康咨询室的工作职责

①普及心理学知识。邀请有关专家和心理辅导志愿者，定期开展心理知识讲座，向群众普及各种心理知识。同时，派发心理健康宣传、辅导资料。悬挂，播放心理健康教育宣传片，发放由心理专家编制的年度心理健康知识宣传吊牌及台历，以多种方式普及心理学知识。

②开展大型公益活动或讲座。邀请心理咨询师或相关专家，开展公益性的心理讲座和现场咨询会。开展包括心理健康科普讲座与专题讲座、心理咨询与心理治疗。心理健康科普资料发放与教育活动，以及针对青少年、老年人、妇女、流动人口和社区服刑人员等特殊群体的专业化服务，建立心理危机干预机制。

③分组开展心理咨询活动。社区心理咨询室对社区居民进行摸底分类，按照“老年心理组”“儿童心理组”“婚姻家庭组”“恋爱情感组”“心

理减压组”“心理测量组”“职业与求职心理组”七个小组，向社区居民普及心理健康知识，解答各类心理问题，疏导不良心理情绪。

④指导居民学习心理自我调节方法。社区心理咨询师以生活琐事及社会上发生的事件，说明了解心理健康的重要性；针对老年人常见的心理问题及调试方法进行讲解；等等。

（2）心理健康咨询室的长效机制

①心理健康知识进社区。经常性地开展社区心理健康知识讲座，普及精神卫生知识，提高社区居民心理健康水平。

②心理咨询和治疗进社区。对轻度精神疾病和亚健康人群提供义务心理咨询与治疗，加强人文关怀和心理疏导，引导居民正确对待自己、他人和社会，正确对待困难、挫折和荣誉，帮助其摆脱困境。

③贫困家庭精神病人医疗救助进社区。建立精神病防治经费增长机制，设立城乡低保家庭及低保边缘家庭的重度精神病患者专项救助经费，为贫困家庭精神病患者实施大病救助和免费投药。

④精神康复指导进社区。充分发挥社区心理咨询室精神康复技术指导的作用，加强精神病患者的康复指导、定期复查工作。建立社区心理咨询室，积极开展心理咨询，普及心理健康知识，让居民能在日常生活中，多听专家的辅导和建议，把生活中的不良情绪化解掉，将心理疾患解决在萌芽阶段，对实现社会稳定和提高百姓生活质量无疑具有很大的帮助作用。因此，社区心理咨询工作应从每一个家庭中的老人和孩子入手，通过改变亲子关系，进而改变夫妻、父母、同事的关系，形成和谐的环境。

知识链接

心理咨询的内容涉及广泛，就社区居民的心理状况和所面临的一些焦虑等心理问题，具体概括为以下几个方面：一是开展心理卫生知识教育；二是运用心理测试量表进行相关测试；三是对有心理疑虑者进行询问,包括日常生活中的人际关系问题、职业选择问题、教育过程中的问题、婚姻家庭中的问题等。对各种不良情绪与行为障碍,如焦虑、抑郁、恐怖、紧张情绪等进行疏导心理;对康复期精神病人进行心理指导,促进更好地适应社会与生活,预防复发。

老年人因长期慢性躯体疾病困扰,久治不愈,需要心理支持及指导。

96. 社区工作联席会的工作内容及工作任务有哪些?

联席会是以“建设社区、服务群众、促进发展”和“建设和谐社区”为目标,以创建“特色社区”为重点,围绕本社区的实际情况,整合社区的设施、人才、信息等资源,充分发挥社区民间组织的整体优势,通过社区管理机构、服务机构、驻区单位联合办公,联席解决与社区居民有关的实际问题的方式,提升社区管理和服务质量,维护社区的稳定团结。社区工作联席会这一新型社区民间组织,在提升社区建设的层次和水平上发挥着积极的作用。

(1)联席会的工作内容

倾听社情民意;对社区警务、取暖、水、电等问题进行“会诊”;对社区公共设施,社区卫生、绿化,小区安全,居民的具体问题进行协调解决;对社区居民之间、居民与管理机构之间、居民与物业之间等矛盾进行沟通化解。

(2)联席会的工作任务

研究协商本社区开展地区性、社会性、群众性、公益性活动的内容、形式及实施措施;协调居委会与居民之间、居委会与物业之间、居民与物业之间、居民之间的矛盾。开展和谐社区建设工作;协调指导社区管理教育工作,动员组织社区居民,积极参加社区建设各项活动;协调整合本社区各项资源，实现社区单位优势互补、资源共享，构建和谐社区；研究分析社情民意和党员思想动态，确定一个时期工作的主题和重点；通报社区建设工作情况，交流各单位社区建设、社区管理和社区服务工作等方面的做法、经验。

知识链接

在社区大家庭中，每个人既是服务者，又是被服务者。通过社区工作联席会平台，调动辖区单位和居民群众积极性，有效解决了政府包办一切的问题，丢弃了那些管不好、管不了的事情，提高了共建单位和居民群众的主人意识、责任意识，增强了自治功能和自我管理、自我教育、自我服务的水平。

97. 信访代理工作站的工作模式及运行机制有哪些？

信访代理工作站是社区居民的"代理群众诉求之家、为民排忧解难之家、维护公平正义之家、法制宣传教育之家、人民群众满意之家"。社区居民遇到矛盾和问题可全天候向代理员反映，代理员及时将居民反映的问题汇总上报街道信访代理总站，由代理总站对信访信件分析整理后，分解到各相关责任部门办理，并将受理结果及时答复代理员和信访居民。

(1)信访代理工作站的工作模式

社区聘请素质较高的退休干部、老师、律师及在职法官。检察官担任信访代理员，主要承揽社区居民的信访案件，主动为上访群众提供法律服务，促成信访事项的妥善解决。

这种模式是通过委托代理形式，充分发挥了代理员行政工作经验和优势。实践效果表明,信访代理制能够良化信访秩序,缓和上访者情绪,提高信访工作质量,有效避免基层无序上访、多头上访和越级上访的困扰,营造良好的社会气氛,同时具有较强的可操作性。

(2)信访代理工作站的运行机制

①聘请代理人员。社区居委会聘请素质较高的退休干部、老师、律师及在职法官,检察官担任信访代理员,主要承揽社区居民的信访案件。

②建立社区信访代理工作站。工作站人员相对固定,每月 5 日、15 日、25 日为到站工作日。工作站以制度为保障,建立了代理信访制度、定期调度制度、调查研究制度、督导考核等一系列制度。

③建立信访代理制度。"信访代理"要求法律服务人员在取得信访人理解和信任基础上,与他们签订《信访代理协议书》,约定由代理人无偿公正地代理解决问题,并承诺办理时限。期间,信访人不得再次上访。

④确立信访内容。群众工作站发挥代理信访的职能,紧抓影响基层和谐稳定的村民积怨、邻里矛盾、宅基地纠纷、产权争议等问题,规范群众的信访行为,引导群众依法有序反映问题。

⑤强化信访代理员的工作权限。社区信访代理员必须遵循信访工作"宜早不宜迟,宜查不宜避,宜快不宜拖,宜实不宜虚"的原则,在工作中确保"四包",即对居民反映的问题包整理、包反映、包反馈、包稳定。对平时听取、收集的社情民意和信访苗头事项进行研究分析,对确实需要向上级政府或有关部门反映的,经归纳整理后按照程序予以反映;对反映的问题,上级政府或有关部门有处理意见和结果的,及时传达,如信访人仍不满意、不理解的,积极协调相关责任部门解决问题,并做好群众的说服教育工作;对一时尚无处理意见、结果或暂时无法解释的,负责做好群众稳定工作。

⑥社区对工作分工及时进行调整,确保代理员有时间,有精力做好社区群众信访工作。同时,将代理员的联系方式、代理区域、信访代理员制度的运行方式等信息,以公告牌的形式向社区群众公布,方便群众联

系，接受群众监督。对一些重大信访问题，做到“四早”，即情况早预报、工作早介入、问题早处理、苗头早控制，确保不发生影响稳定的信访事件。

⑦深入排查信访隐患，了解社情民意，解决群众困难。工作中，强化主动排查和超前排查，始终做到“四个注重”，即注重弱势群体、注重有上访记录群体、注重新增上访群体、注重与区域重大事件有关的群体。对排查出的问题和隐患，全部登记造册，及时解决。对处置不了或有可能引发上访问题和群体性事件的不稳定因素及时上报，起到预警作用。

⑧定期召开信访代理情况会议，对工作进行通报和反馈，将各类信息梳理归类，认真分析，制定预案，落实责任。适时广泛宣传信访相关事宜，增强群众的法治意识，为群众当好参谋、指好方向，引导群众依法有序表达诉求。

⑨广泛宣传信访代理制度。在居民区普遍建立信访事项信息员队伍，设立信访事项代理服务窗口，避免群众来回奔波和盲目越级上访。例如设立相关的网页和电子信箱，让社区居民足不出户，就对信访代理工作了如指掌；在社区设立服务窗口，让居民不出社区就可以反映问题。信访工作站是在新形势下设置的密切联系群众的平台，管理人员或信访代理人员可以深入社区基层，认真倾听民生，有针对性地帮助群众解决再就业、入学、养老、社会保障等方面存在的困难。

知识链接

按照《信访条例》的规定，信访人对行政机关、企业、事业单位、其他社会团体、村民委员会及以上单位工作人员的职务行为反映情况，提出建议、意见或者不服以上组织、人员的职务行为的，可以委托信访代理人员向有关部门反映。对依法应当通过诉讼、仲裁、行政复议等法定途径解决的投诉请求，信访人应当依照有关法律、行政法规规定的程序向有关机关提出，不属本代理范围。

信访代工作理站的工作原则：

(1)坚持依法的原则

要严格按照《信访条例》及有关法律、法规规定的方式和程序展开代理工作。

(2)坚持自愿代理的原则

必须尊重信访人的意愿，不得强行代理。

(3)坚持便民、利民、服务于民的原则

简化代理程序，提高信访事项代理工作效率，尽量缩短各个程序的办理时间，为群众解决实际问题。

被代理人的权利和义务：

(1)有权要求基层信访部门和工作人员给予代理符合代理范围内的信访事项。

(2)有权随时了解和掌握案件代理进展情况。

(3)在代理期间不得越级信访或重复信访。

98. 社区法律中心的服务内容有哪些？

法律服务中心是以社区为依托，为社区广大居民提供“一站式”“超市式”法律服务的机构。集法律咨询、纠纷调解、法治宣传、司法协助等职能于一体。在不出社区的前提下，对遇到法律问题的居民群众，进行贴心的法律咨询和服务。只有推行法律服务入社区，才能使法律更广泛地接触群众，更好地服务群众、服务社会。

社区法律中心的服务内容主要有以下方面：

(1)提供法律咨询

为群众日常生活中遇到的法律问题提供咨询服务，对群众提出的问题给予解答。

（2）提供劳动就业指导

社区法律服务中心提供为社区群众，包括初次就业者，下岗人员再就业、外来务工人员等的劳动就业提供法律层面的指导，提供有关劳动法律、法规和政策咨询，解答关于劳动合同、劳动者维权方面的问题，调解劳动者与用人单位之间的劳动纠纷。

（3）调解社区纠纷

社区法律服务中心可以对社区内的家庭纠纷。邻里纠纷进行调解，站在中立的立场向纠纷各方讲解法律、分析事实，协助妥善处理好问题，做到“事情了结，人情还在”，维护社区和谐的人际关系，减少因纠纷引发的诉讼、上访，防止因矛盾激化发生暴力性事件。

（4）法律援助指导

社区法律服务中心可对社区中符合法律援助条件的经济困难或特殊案件的当事人或其亲属提供指导，介绍我国的法律援助制度，帮助其获得法律援助。

（5）协助社区管理

法律服务中心利用自身的法律优势，为社区管理的决策、社区规章制度的建立健全提供法律意见，协助社区的行政和公共事务管理，协助并对相关的执行情况起到法律监督的作用。

（6）法制宣传教育

法律服务中心可以持续地、固定地在小区内开展各种法制宣传教育活动。一方面通过制订长期的教育计划，在社区内开展稳定的、系统性的法制教育宣传；另一方面结合社区当前的实际情况，灵活地安排最适合的法律宣传。

（7）排查与预警

法律服务中心对本社区的民生、区情，有着比较全面地了解，对社区内的各种矛盾、纠纷和公共事务掌握得比较细致和准确，有利于及时发现问题、解决问题，把矛盾解决在萌芽状态。例如对人员和家庭间的可能激化的矛盾进行事前防范，对社区内的大型活动进行事前的安全预警，对社区综治情况进行定期分析和风险评估等。

知识链接

社区法律中心的作用有以下方面：

(1)满足社区群众日益增长的法律服务需求

随着社会经济和文化的发展，人们在生活中遇到的涉及就业、房地产、家庭事务及邻里关系等现实问题越来越多。对相关法律服务的需求与日俱增。绝大多数群众法律知识水平远远不能解决生活中所遇到的问题。对一些特殊群体，如外来务工人员、贫困家庭人员等，仍然存在着救助投诉困难等现象。设立社区法律服务中心是服务群众，满足基层群众日益增长的法律需求的有效途径。

(2)有利于社区诉求表达机制的建立

在社区建设过程中，社区“再就业”工程，外来人口和租住人口管理，以及与群众生活紧密相关的水电、道路、环境、物业管理、拆迁等事务，都需要一个表达诉求与上下沟通的规范渠道，改变居民现在自行维权处于弱势和过度依赖媒体曝光以解决问题的局面。通过社区法律服务中心，在社区建立诉求表达机制及管理协调机制，群众的意见和建议可以通过社区传达到政府的相关机构，为政府决策和公共管理提供参考依据。

(3)有助于调解社区邻里矛盾

社区法律服务中心，通过法律宣传教育，一方面可以对社区内各种家庭问题和其他纠纷进行引导和调解，送法进家庭，有利于及时处理居民生活中的各种矛盾，缓解由于诉讼增长过快导致的司法资源不足。另一方面，可以对本社区的社情进行及时的总结、分析、排查和预警，有利于从源头上防止和化解引发矛盾纠纷的各种因素，更有利于配合现在推行的“社区矫正”等工作的实施。

99. 业主委员会的职责及义务有哪些?

业主委员会由业主大会会议选举产生,由5至11人单数组成。业委会执行业主大会的决定,接受业主大会和业主的监督,按照业主大会的决定,代表广大业主的权益与物业服务企业进行沟通,维护业主共同利益。可以说,业主委员会是业主与物业服务公司直接高效沟通的纽带,将对物业服务形成一个长期有效的监督机制。

(1)业主委员会的职责

召集业主大会会议,报告物业管理的实施情况;代表业主与业主大会选聘的物业服务企业签订物业服务合同;及时了解业主、物业使用人的意见和建议,监督和协助物业服务企业履行物业服务合同;监督管理规约的实施;业主大会赋予的其他职责。

(2)业主委员会的义务

业主委员会应当依法履行职责,不得作出与物业管理无关的决定,不得从事与物业管理无关的活动;业主大会、业主委员会作出的决定违反法律、法规的,物业所在地的区、县人民政府房地产行政主管部门或者街道办事处、乡镇人民政府,应当责令限期改正或者撤销其决定,并通告全体业主;业主大会、业主委员会应当配合公安机关,与居民委员会相互协作,共同做好维护物业管理区域内的社会治安等相关工作;在物业管理区域内,业主大会、业主委员会应当积极配合相关居民委员会依法履行自治管理职责,支持居民委员会开展工作,并接受其指导和监督;住宅小区的业主大会、业主委员会作出的决定,应当告知相关的居民委员会,并认真听取居民委员会的建议。

知识链接

《中华人民共和国民法典》第二百七十八条：

下列事项由业主共同决定：

(一)制定和修改业主大会议事规则；

(二)制定和修改管理规约；

(三)选举业主委员会或者更换业主委员会成员；

(四)选聘和解聘物业服务企业或者其他管理人；

(五)使用建筑物及其附属设施的维修资金；

(六)筹集建筑物及其附属设施的维修资金；

(七)改建、重建建筑物及其附属设施；

(八)改变共有部分的用途或者利用共有部分从事经营活动；

(九)有关共有和共同管理权利的其他重大事项。

业主共同决定事项,应当由专有部分面积占比三分之二以上的业主且人数占比三分之二以上的业主参与表决。决定前款第六项至第八项规定的事项,应当经参与表决专有部分面积四分之三以上的业主且参与表决人数四分之三以上的业主同意。决定前款其他事项,应当经参与表决专有部分面积过半数的业主且参与表决人数过半数的业主同意。

《中华人民共和国民法典》第二百八十一条：

建筑物及其附属设施的维修资金,属于业主共有。经业主共同决定,可以用于电梯、屋顶、外墙、无障碍设施等共有部分的维修、更新和改造。建筑物及其附属设施的维修资金的筹集、使用情况应当定期公布。

紧急情况下需要维修建筑物及其附属设施的,业主大会或者业主委员会可以依法申请使用建筑物及其附属设施的维修资金。

100. 虚拟社区化解邻里矛盾的途径有哪些?

虚拟社区是相对于现实社区而言的,主要依托于互联网技术基础,以网络为平台,以网上论坛为表达形式,通过自由发表评论和意见,参与社区的建设和社区事务管理,表达方式包括社区论坛、网络博客、网络微博、网络聊天、跟帖发表意见和网络评论等。

根据虚拟社区网民的“使用动机”“参与行为”和社区网民参与、浏览虚拟社区网站目的(获知信息、寻找机会发言、打发时间、解决问题等),以及网上发言、发帖目的,对虚拟社区所反映的问题、矛盾进行必要地引导、化解,具体包括以下途径:

(1)组建网络“参照群体”

网络次级群体(网民群体)的活动具有随意性和盲目性,极易形成极端化的观点,导致他们的目光短浅和“夜郎自大”,从而引发偏激的网络舆论。因此,应组建一个由专家、学者及各行业的权威人士组成的参照群体,利用微博、论坛、评论对网络谣言辟谣,引导网民理性看待网络突发事件,及时地对所发生的突发事件发表看法并提供合理的意见和建议,积极引导网络舆论健康发展。

(2)选任 QQ 群群主

各居委会的主任、社区管片民警、城管队员、物业管理员等以实名在网上担任 QQ 群群主和管理员,及时听取居民意见和建议,帮助居民解决问题,或通过微博来倾听虚拟社区成员的各种声音,从正面引导虚拟社区成员的言行,并及时发布各类消息,正本清源,疏通信息传递渠道,遏制和澄清有关谣言。

(3)做好“网络把关人”

网络把关人在信息选择和引导舆论方面至关重要,既要做好把关人又要做好导航员,在充分尊重人们言论自由、允许各种不同观点和意见发表的同时,也要进行积极的疏导和引导。把关的方式要变"严把关"为"巧指路",变让人们"看什么"为教人们"怎么看",变以"堵"为主为以"导"为主。网络把关人应当是信息的提供者、信息引路人、信息规范者和监督人,设置好有关的话题或者议题,来吸引网民个人参与到网络讨论空间,整合不同空间的话语,能够在交流中引导大众舆论,促成正确舆论形成。

(4)培养"意见领袖"

利用这些"意见领袖"引导网上舆论,已经成为一些大型论坛的普遍做法。这些"意见领袖"有见地、有代表性的发言,一般会被版主用醒目的字号和色彩加以强调,放在网页的突出位置,以强化主流言论,孤立非主流言论。而版主作为网络舆论的管理人员,在一定程度上是作为网络舆论意见领袖发言的,其意见也带有一定的引导性。因而选择具有良好素质的版主也是网络舆论培养意见领袖的一个途径。

(5)"网络发言人"管理

在虚拟社区论坛管理中安排专人,对虚拟社区进行实时在线管理。通过在线解答社区政策、法规、管理动态,及时反馈居民网上的疑问和投诉,要求"网络发言人"将社区中的社会热点、焦点问题及各种合理诉求、举报、意见、建议等编辑成简报,呈送地区主要负责人,并要求相关部门对群众诉求、举报进行调查、协调、处理,在限定时间内将最终结果形成报告反馈给信息管理中心,而信息管理中心又将结果及时反馈到社区中。

(6)设置"网络回帖员"

在虚拟社区论坛,通过设置"网络回帖员",可以将信息管理中心对群众反映的情况和提出的诉求进行回帖说明。做到件件有联系、事事有回复,对于网民提出的不合理诉求或客观上一时无法解决的问题,也要做出耐心、细致的解释和说明。对回避问题造成严重后果的地方和部门主要负责人及有关责任人要严肃追究责任。江苏省海安推行"回帖员制度”,在第一时间引导舆情,发言人不仅要在第一时间对网民提出的问题进行回复,而且要向网民及时公布涉及民生的有关事项。

(7)聘任论坛主持人

论坛主持人在虚拟社区论坛中处于“二级传播者”的地位,可以通过主持定期的论坛主题来对公众舆论加以科学的引导。作为畅达民意的现代沟通方式,社区网络论坛在传递信息、吸纳意见、了解民意、引导舆论方面具有非常重要的作用,对社区公众舆论的引导和必要的教育也具有积极的影响力。因此,在社区网络论坛中,一定要选择一位熟悉网络管理技术、掌握社区管理政策、具有大局意识、富有理论修养和交谈技能的社区管理人员充任论坛主持人。通过主持论坛专题讨论的管理方式,以理性的方式开展论坛讨论,引导社区舆论风气,塑造健康的社区环境。

知识链接

虚拟社区又称为在线社区或电子社区,它是一群主要藉由计算机网络彼此沟通的人们,他们彼此有某种程度的认识、分享某种程度的知识和信息、在很大程度上如同对待朋友般彼此关怀,从而所形成的团体。作为社区在虚拟世界的对应物,虚拟社区为有着相同爱好、经历或专业相近、业务相关的网络用户提供了一个聚会的场所,方便他们相互交流和分享经验。

根据沟通的实时性,虚拟社区可以分为同步虚拟社区和异步虚拟社区两类:同步虚拟社区如网络联机游戏,异步社区如 BBS 等。虚拟社区与现实社区一样,也包含了一定的场所、一定的人群、相应的组织、社区成员参与和一些相同的兴趣、文化等特质。而最重要的一点是,虚拟社区与现实社区一样,提供各种交流信息的手段,如讨论、通信、聊天等,使社区居民得以互动。不过,它具有自己独特的属性:

一、超时空性

虚拟社区的交往具有超时空性。通过网络,人们之间的交流不受地域的限制,只要你有一台计算机和一根网线,就可以和世界上任何地方的人(也具备相应硬件条件)畅所欲言了。

二、符号性

人际互动具有匿名性和彻底的符号性。在虚拟社区里,网民以ID号标识自己。ID号依个人的爱好随意而定。例如“硬盘”一看就是计算机硬件爱好者,“红叶飘飘”估计是一个有文艺范儿的人,“潜水艇”估计是个军事爱好者……

三、群体流动

虚拟社区的人际关系较为松散,社区群体流动频繁。社区的活力主要靠“人气”和点击率,能否吸引大家关注要看社区的主题是否符合大众口味。

四、灌水

自由、平等、民主、自治和共享是虚拟社区的基本准则。这个特点其实和人际互动具有匿名性有关,在这里,传统的上下级被“斑竹”代替,只要你不违反论坛规定,你什么都可以说,俗成“灌水”。

五、虚拟性

虚拟社区区别于传统社区的最大特点就是它的虚拟性,它是虚拟性和社会性的结合。同一虚拟社区的人们可能从未谋面,通过网络彼此交流、沟通、分享信息与知识,形成了个人社区关系网络,最终形成了共同的社区意识和社区文化。

通过虚拟社区,可以为社区居民提供一个便捷、高效、开放、多样的网络空间。社区居民通过虚拟社区进行自由讨论、舆论监督,参与到社区管理和社区服务中来,维护居民自身利益;社区管理机构通过虚拟社区,畅达民意,动态管理,实现社区信息流畅,快捷沟通,管理高效,满足了居民不同层次的需求,达到“以人为本,虚实结合”的管理目标,维护社区的和谐、稳定,构建起预防社区邻里矛盾的数字平台。

参考文献

[1]边莉君. 现代社会社区新邻里关系的探索与实践[M]. 北京:红旗出版社,2020:123-128.

[2]陈洪涛. 社区调解实务与技巧[M]. 北京:国家开放大学出版社,2018:143-149.

[3]陈晓璇. 中华人民共和国民事诉讼法含新民事诉讼法司法解释[M]. 北京:人民法院出版社,2021:89-94.

[4]陈轩. 典型民事纠纷的法理研究[M]. 长春:吉林大学出版社,2020.

[5]高岩,王艺蓉. 人民调解制度在社区纠纷化解中的问题研究[J]. 兰州:交通大学学报,2019(5):45-46.

[6]侯怀霞. 调解技艺[M]. 北京:法律出版社,2020:156-162.

[7]黄蕾. 中国新型农村社区治理研究[M]. 北京:经济管理出版社,2020:127-134.

[8]李瑞昌. 调解工作总论[M]. 北京:法律出版社,2020:23-26.

[9]刘萍. 农村民事调解与法律服务研究[M]. 长春:吉林人民出版社,2020:127-135.

[10]刘娴静. 当代中国城市社区治理[M]. 北京:知识产权出版社,2019:66-70.

[11]龙飞. 多元化纠纷解决机制促进法研究[M]. 北京:中国人民大学出版社,2020:127-145.

[12]汪世荣,郭武军. 基层社会治理体系和治理能力现代化[M]. 西安:西北大学出版社,2021:45- 49.

[13]王子龙.农村邻里关系法律读本[M].北京:研究出版社,2019:133-141.

[14]徐琳航.协同治理视角下社区矛盾纠纷调解中的机制创新研究[J].读书文摘(下半月),2020(12):41-45.

[15]徐鲁航,阎安.城市社区社会工作实践探索[M].北京:中国社会出版社,2018:63-68.

[16]徐璐瑶.新型农村人民调解制度的治理路径探究[J].法制博览,2020(20):9-11.

[17]姚怀生,姚易.社区纠纷与社区治理[M].南昌:江西人民出版社,2020:123-127.

[18]岳经纶,管兵等.社会治理创新与和谐社区建设[M].广州:中山大学出版社,2019:153-162.

[19]赵汉根.商事仲裁法律与实务[M].北京:中国法制出版社,2020:91-93.

[20]赵旭东.中国民事纠纷解决法律制度[M].北京:中国民主法制出版社,2020:107-120.

[21]周杨.我国仲裁调解制度研究[M].湘潭:湘潭大学出版社,2017:144-153.

附　录

《中华人民共和国人民调解法》

第一章　总则

第一条　为了完善人民调解制度，规范人民调解活动，及时解决民间纠纷，维护社会和谐稳定，根据宪法，制定本法。

第二条　本法所称人民调解，是指人民调解委员会通过说服、疏导等方法，促使当事人在平等协商基础上自愿达成调解协议，解决民间纠纷的活动。

第三条　人民调解委员会调解民间纠纷，应当遵循下列原则：

（一）在当事人自愿、平等的基础上进行调解；

（二）不违背法律、法规和国家政策；

（三）尊重当事人的权利，不得因调解而阻止当事人依法通过仲裁、行政、司法等途径维护自己的权利。

第四条　人民调解委员会调解民间纠纷，不收取任何费用。

第五条　国务院司法行政部门负责指导全国的人民调解工作，县级以上地方人民政府司法行政部门负责指导本行政区域的人民调解工作。

基层人民法院对人民调解委员会调解民间纠纷进行业务指导。

第六条　国家鼓励和支持人民调解工作。县级以上地方人民政府对人民调解工作所需经费应当给予必要的支持和保障，对有突出贡献的人民调解委员会和人民调解员按照国家规定给予表彰奖励。

第二章 委员会简介

第七条 人民调解委员会是依法设立的调解民间纠纷的群众性组织。

第八条 村民委员会、居民委员会设立人民调解委员会。企业事业单位根据需要设立人民调解委员会。

人民调解委员会由委员三至九人组成,设主任一人,必要时,可以设副主任若干人。

人民调解委员会应当有妇女成员,多民族居住的地区应当有人数较少民族的成员。

第九条 村民委员会、居民委员会的人民调解委员会委员由村民会议或者村民代表会议、居民会议推选产生;企业事业单位设立的人民调解委员会委员由职工大会、职工代表大会或者工会组织推选产生。

人民调解委员会委员每届任期三年,可以连选连任。

第十条 县级人民政府司法行政部门应当对本行政区域内人民调解委员会的设立情况进行统计,并且将人民调解委员会以及人员组成和调整情况及时通报所在地基层人民法院。

第十一条 人民调解委员会应当建立健全各项调解工作制度,听取群众意见,接受群众监督。

第十二条 村民委员会、居民委员会和企业事业单位应当为人民调解委员会开展工作提供办公条件和必要的工作经费。

第三章 调解员简介

第十三条 人民调解员由人民调解委员会委员和人民调解委员会聘任的人员担任。

第十四条　人民调解员应当由公道正派、热心人民调解工作，并具有一定文化水平、政策水平和法律知识的成年公民担任。

县级人民政府司法行政部门应当定期对人民调解员进行业务培训。

第十五条　人民调解员在调解工作中有下列行为之一的，由其所在的人民调解委员会给予批评教育、责令改正，情节严重的，由推选或者聘任单位予以罢免或者解聘：

（一）偏袒一方当事人的；

（二）侮辱当事人的；

（三）索取、收受财物或者牟取其他不正当利益的；

（四）泄露当事人的个人隐私、商业秘密的。

第十六条　人民调解员从事调解工作，应当给予适当的误工补贴；因从事调解工作致伤致残，生活发生困难的，当地人民政府应当提供必要的医疗、生活救助；在人民调解工作岗位上牺牲的人民调解员，其配偶、子女按照国家规定享受抚恤和优待。

第四章　调解程序

第十七条　当事人可以向人民调解委员会申请调解；人民调解委员会也可以主动调解。当事人一方明确拒绝调解的，不得调解。

第十八条　基层人民法院、公安机关对适宜通过人民调解方式解决的纠纷，可以在受理前告知当事人向人民调解委员会申请调解。

第十九条　人民调解委员会根据调解纠纷的需要，可以指定一名或者数名人民调解员进行调解，也可以由当事人选择一名或者数名人民调解员进行调解。

第二十条　人民调解员根据调解纠纷的需要，在征得当事人的同意后，可以邀请当事人的亲属、邻里、同事等参与调解，也可以邀请具有专门知识、特定经验的人员或者有关社会组织的人员参与调解。

人民调解委员会支持当地公道正派、热心调解、群众认可的社会人士参与调解。

第二十一条 人民调解员调解民间纠纷，应当坚持原则，明法析理，主持公道。

调解民间纠纷，应当及时、就地进行，防止矛盾激化。

第二十二条 人民调解员根据纠纷的不同情况，可以采取多种方式调解民间纠纷，充分听取当事人的陈述，讲解有关法律、法规和国家政策，耐心疏导，在当事人平等协商、互谅互让的基础上提出纠纷解决方案，帮助当事人自愿达成调解协议。

第二十三条 当事人在人民调解活动中享有下列权利：

（一）选择或者接受人民调解员；

（二）接受调解、拒绝调解或者要求终止调解；

（三）要求调解公开进行或者不公开进行；

（四）自主表达意愿、自愿达成调解协议。

第二十四条 当事人在人民调解活动中履行下列义务：

（一）如实陈述纠纷事实；

（二）遵守调解现场秩序，尊重人民调解员；

（三）尊重对方当事人行使权利。

第二十五条 人民调解员在调解纠纷过程中，发现纠纷有可能激化的，应当采取有针对性的预防措施；对有可能引起治安案件、刑事案件的纠纷，应当及时向当地公安机关或者其他有关部门报告。

第二十六条 人民调解员调解纠纷，调解不成的，应当终止调解，并依据有关法律、法规的规定，告知当事人可以依法通过仲裁、行政、司法等途径维护自己的权利。

第二十七条 人民调解员应当记录调解情况。人民调解委员会应当建立调解工作档案,将调解登记、调解工作记录、调解协议书等材料立卷归档。

第五章 调解协议

第二十八条 经人民调解委员会调解达成调解协议的,可以制作调解协议书。当事人认为无需制作调解协议书的,可以采取口头协议方式,人民调解员应当记录协议内容。

第二十九条 调解协议书可以载明下列事项:

(一)当事人的基本情况;

(二)纠纷的主要事实、争议事项以及各方当事人的责任;

(三)当事人达成调解协议的内容,履行的方式、期限。

调解协议书自各方当事人签名、盖章或者按指印,人民调解员签名并加盖人民调解委员会印章之日起生效。调解协议书由当事人各执一份,人民调解委员会留存一份。

第三十条 口头调解协议自各方当事人达成协议之日起生效。

第三十一条 经人民调解委员会调解达成的调解协议,具有法律约束力,当事人应当按照约定履行。

人民调解委员会应当对调解协议的履行情况进行监督,督促当事人履行约定的义务。

第三十二条 经人民调解委员会调解达成调解协议后,当事人之间就调解协议的履行或者调解协议的内容发生争议的,一方当事人可以向人民法院提起诉讼。

第三十三条 经人民调解委员会调解达成调解协议后,双方当事人认为有必要的,可以自调解协议生效之日起三十日内共同向人民法院申请司法确认，人民法院应当及时对调解协议进行审查，依法确认调解协议的效力。

人民法院依法确认调解协议有效，一方当事人拒绝履行或者未全部履行的，对方当事人可以向人民法院申请强制执行。

人民法院依法确认调解协议无效的，当事人可以通过人民调解方式变更原调解协议或者达成新的调解协议，也可以向人民法院提起诉讼。

第六章　附则

第三十四条　乡镇、街道以及社会团体或者其他组织根据需要可以参照本法有关规定设立人民调解委员会，调解民间纠纷。

第三十五条　本法自 2011 年 1 月 1 日起施行。